Sou merendeira

Rotinas profissionais do agente de **alimentação escolar**

Dados Internacionais de Catalogação na Publicação (CIP)
(Jeane Passos de Souza – CRB 8ª/6189)

SENAC. Departamento Nacional.
Sou merendeira: rotinas profissionais do agente de alimentação escolar / Departamento Nacional do Serviço de Aprendizagem Comercial. – São Paulo : Editora Senac São Paulo, 2016.

Bibliografia.
ISBN 978-85-396-1155-3

1. Merendeira 2. Merendas : Preparação de cardápio I. Título.

16-440 CDD-647.99
BISAC HEA048000

Índice para catálogo sistemático:
1. Merendeira : Técnicas de serviço 647.99

Sou merendeira

Rotinas profissionais do agente de **alimentação escolar**

Editora Senac São Paulo – São Paulo – 2016

Gerente/Publisher: Luís Américo Tousi Botelho
Coordenação Editorial: Verônica Pirani de Oliveira
Prospecção: Andreza Fernandes dos Passos de Paula, Dolores Crisci Manzano, Paloma Marques Santos
Administrativo: Marina P. Alves
Comercial: Aldair Novais Pereira
Comunicação e Eventos: Tania Mayumi Doyama Natal

Supervisão Editorial: Rose Zuanetti
Consultoria Técnica e Receitas: Kitty Assis
Pesquisa e Redação: Maria de Andrade
Revisão Técnica: Andréa Estrella e Karina Aparecida Gabriel dos Ramos
Projeto Gráfico, Capa, Diagramação e Ilustrações: Clarisse Sá Earp
Revisão: Simone Teles e Maria José de Sant'Anna
Impressão e Acabamento: Gráfica CS

Editora Senac São Paulo
Av. Engenheiro Eusébio Stevaux, 823 – Prédio Editora
Jurubatuba – CEP 04696-000 – São Paulo – SP
Tel. (11) 2187-4450
editora@sp.senac.br
https://www.editorasenacsp.com.br

Nota do editor

A merendeira – ou agente de alimentação escolar, nome atual da profissão conforme determina o Ministério da Educação – tem um papel relevante na saúde, no desenvolvimento e na formação dos estudantes. Na hora das refeições, a convivência diária da merendeira com as crianças e os jovens da escola pode *ajudá-los a criar hábitos alimentares saudáveis*, a experimentar novos sabores e a ter momentos de descontração e alegria ao comerem uma refeição preparada com carinho.

Este livro, publicado pelo Senac São Paulo, além de mostrar a importância do planejamento das atividades diárias do agente de alimento escolar, traz orientações sobre todas as etapas do trabalho: *os cuidados com a segurança dos alimentos, a organização e a higiene do ambiente, utensílios e equipamentos. O preparo de refeições* é apresentado de forma detalhada, com dicas sobre possibilidades de pré-preparo que facilitarão o cotidiano na cozinha. Além das *informações sobre horta escolar, as noções de nutrição e de planejamento de cardápios* certamente tornarão o diálogo entre a merendeira e o nutricionista muito mais dinâmico. Para completar, um *caderno de receitas* especialmente elaborado pela cozinheira Kitty Assis.

Com esta publicação, esperamos contribuir para a *formação profissional dos agentes de alimentação escolar e o aprimoramento de seu trabalho.*

Sumário

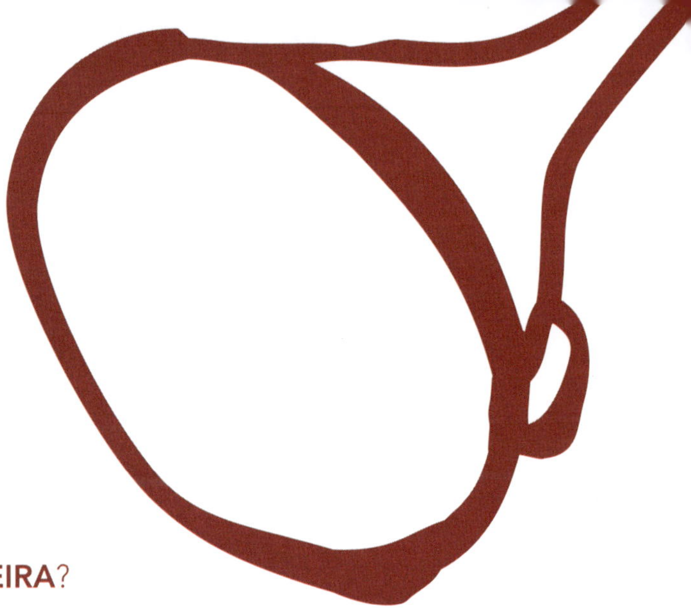

CAPÍTULO 1 _ QUEM É A **MERENDEIRA**?

CAPÍTULO 2 _ AS ROTINAS DE **TRABALHO**

CAPÍTULO 3 _ NUTRIÇÃO E PLANEJAMENTO DE CARDÁPIOS

CAPÍTULO 4 _ O PREPARO DAS REFEIÇÕES

CAPÍTULO 5 _ CADERNO DE RECEITAS

QUEM É A **MERENDEIRA**?

CAPÍTULO 1

Quem é a **merendeira**?

Merendeira é uma profissional que trabalha no refeitório da escola preparando e servindo refeições de qualidade e sem risco para os alunos. Além disso, ela recebe os produtos, organiza e limpa o estoque e a cozinha. Podemos dizer que a merendeira é uma manipuladora de alimentos e tem papel importante em todas as etapas do processo de produção da merenda escolar.

Isso já é bastante trabalho, mas o papel da merendeira vai além: acima de tudo, ela é uma educadora. É ela quem orienta os alunos a se organizar na hora da refeição, é ela quem chama a atenção para que se comportem de forma educada e os orienta a comer de tudo, sem desperdiçar! Assim como uma professora na sala de aula, a autoridade no refeitório é a merendeira.

Uma de suas funções mais importantes é incentivar os alunos a ter bons hábitos alimentares, o que é um modo de formar cidadãos mais saudáveis e conscientes da própria alimentação. A comida é também um atrativo para a permanência dos alunos na escola e contribui, portanto, para reduzir o alto índice de evasão e repetência. Para alguns alunos, a única refeição nutritiva do dia acontece na escola!

A partir de agora vamos falar diretamente com você, merendeira. Neste capítulo, veremos o que esperam de você na rotina de trabalho e os cuidados que deve ter com sua apresentação pessoal e saúde.

Atribuições da merendeira

Para desempenhar seu papel de merendeira na escola, você terá atribuições e responsabilidades que poderíamos chamar de essenciais:

→ Receber, selecionar, pesar, calcular e anotar os ingredientes do cardápio de cada dia.

→ Preparar e servir adequadamente as refeições.

→ Manter a ordem e fazer a limpeza na cozinha, no estoque, no refeitório e nas adjacências.

→ Garantir a higiene do ambiente de trabalho, seguindo as normas de segurança.

Ser organizada é requisito importante para o trabalho da merendeira, pois uma cozinha em ordem traz segurança durante a manipulação dos alimentos. E como a fome dos alunos não espera, a profissional precisa estar sempre de olho no relógio. As refeições devem ser servidas nos horários determinados pela escola e estes precisam ser respeitados.

Também se espera disposição da merendeira para as tarefas mais pesadas, por exemplo, limpar panelas ou mesmo resistir ao calor da cozinha. É uma condição da profissão.

Trabalhar na escola também é respeitar e dar carinho

O seu trabalho, merendeira ou merendeiro, é muito importante. O cuidado com a preparação dos alimentos, a manutenção dos espaços limpos e organizados são um gesto de carinho e respeito para com as crianças e as pessoas que comem a refeição que você prepara.

Sua dedicação é fundamental para manter a saúde e desenvolver a autoestima das crianças, por exemplo. Aliás, crianças felizes têm mais chances de se tornar adultos capazes de viver com segurança emocional e valores sólidos. Você percebe que seu papel social é muito importante?

Especialmente as crianças aprendem muito com você, merendeira!

Aprendem a se comportar na refeição, passam a gostar de uma alimentação saudável e muitas vezes é na hora das refeições que aprendem a receber carinho.

E você verá como esse aprendizado tem retorno! Você acompanhará o crescimento dessas crianças e comprovará que boa parcela do desenvolvimento delas se deu graças ao seu trabalho. Com certeza você receberá de volta todo o carinho e respeito que dedicou a elas.

Sim, merendeira,
seu trabalho é intenso
e cheio de detalhes!

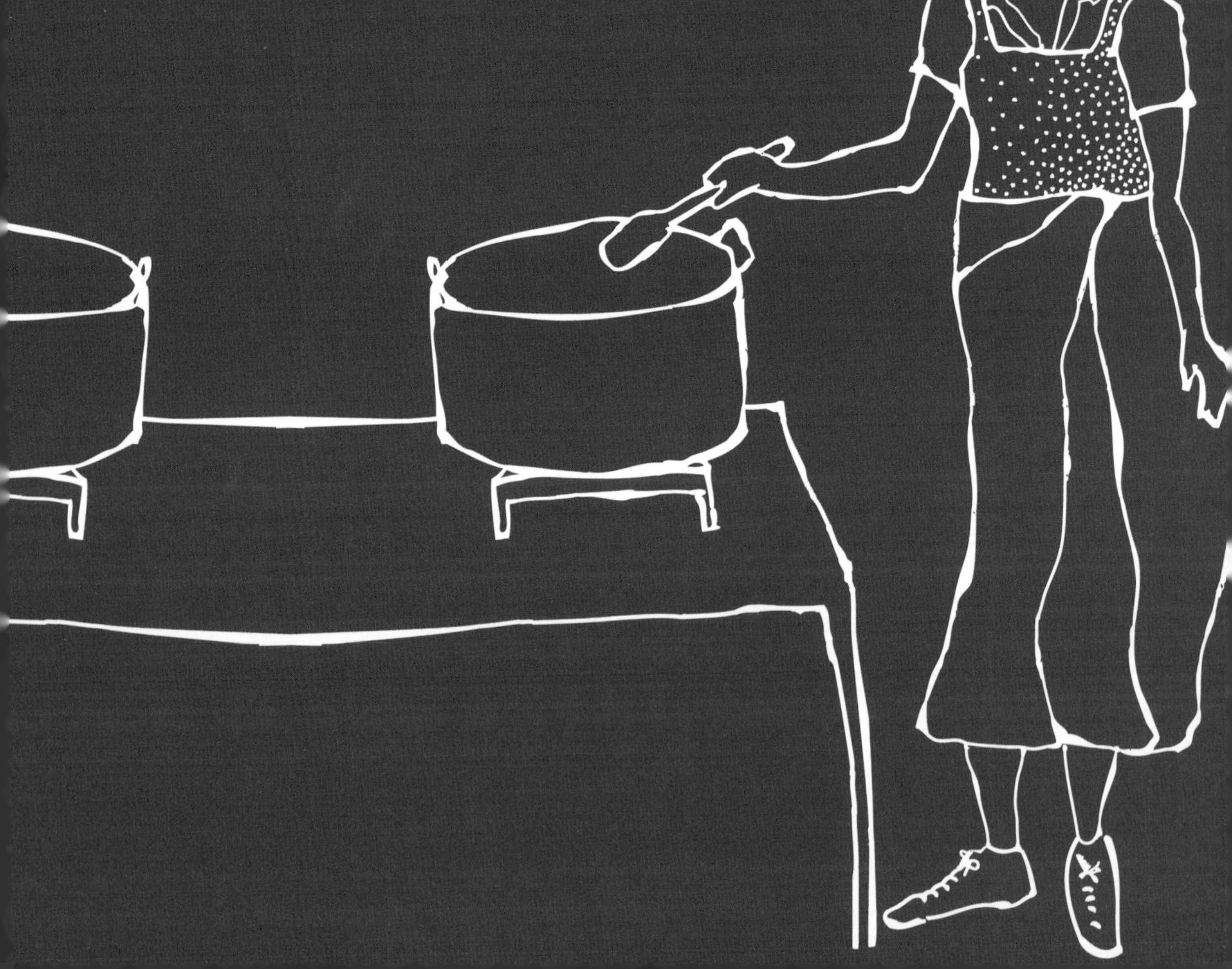

O seu desempenho também depende de um bom relacionamento com seus superiores. *Saber trabalhar em equipe é fundamental*, já que você deverá seguir as instruções e algumas normas específicas da escola. É também por meio desse bom relacionamento que você conquista seu espaço para dizer o que observa no dia a dia; informações que são muito importantes para a escola. Por exemplo, só você pode saber se um alimento é rejeitado pela maioria dos alunos e é seu dever levar esta informação aos seus superiores para evitar desperdícios. Você pode mesmo sugerir alguma substituição para manter a alimentação das crianças equilibrada.

O seu trabalho exige muita atenção porque você terá o controle sobre os alimentos da escola e sobre todo o material necessário para a preparação das refeições. E como você exercerá este controle? *O controle começa no estoque!* Cada alimento que chega deve ser conferido e comparado com o que está discriminado na nota de recebimento. *É muito importante só assinar a nota depois de ter conferido tudo!* Você deve conferir o peso, a qualidade, a validade e a quantidade dos gêneros alimentícios recebidos, esse é o procedimento básico de "confere" com a nota.

O estoque é controlado pela entrada e saída dos alimentos. Anotar a quantidade de cada alimento utilizado para o preparo das refeições do dia, como também o número de refeições servidas são procedimentos que garantem o controle do estoque. Dessa maneira, quando um alimento ou produto estiver acabando, você poderá informar à pessoa responsável pelos pedidos da merenda o que precisa ser reposto, antes que acabe!

Cuidar de todos os utensílios e equipamentos para a preparação dos alimentos também é sua responsabilidade. Este cuidado significa *zelar pela manutenção dos materiais, utensílios, equipamentos e local de trabalho*, mantendo-os limpos e organizados diariamente. *Observar e controlar o consumo de gás* garante que ele não falte no meio de suas atividades. Afinal, sem ele não há preparação de alimentos.

Para cuidar de tantos detalhes (logo os veremos mais profundamente nos capítulos seguintes), você precisa ter muito jogo de cintura! *Use sua criatividade sempre que for preciso* para adaptar receitas ao paladar regional ou ao paladar de seus estudantes. E *seja atenciosa ao seguir receitas, ao servir a refeição* na temperatura correta, de acordo com a legislação sanitária vigente, e ao distribuí-la igualmente entre os alunos: *são gestos de carinho e respeito que eles esperam de você.* Afinal, é uma delícia alimentar alguém e ver aquele sorriso no rosto da pessoa!

Você e a sua saúde merecem cuidados

Para ser uma merendeira, comece dando importância à sua apresentação pessoal e à saúde. Cultive hábitos saudáveis e mantenha sua aparência bem cuidada. Assim, você estará cuidando de si e ao mesmo tempo dando bons exemplos aos alunos.

Além do mais, os cuidados com higiene, saúde e apresentação pessoal evitam riscos de contaminação dos alimentos que serão servidos aos alunos. Portanto, atenção, merendeiras e merendeiros, sigam atentamente estas recomendações sobre os cuidados pessoais!

Banhos diários não só limpam o corpo, como também descansam e fazem relaxar. Lembre-se disso!

Não use perfumes ou desodorantes fortes, pois podem afetar o sabor dos alimentos preparados.

MÃOS

→ Lavar as mãos nas seguintes ocasiões:
— Sempre que chegar à cozinha.
— Antes de vestir as luvas.
— Antes de manipular alimentos.
— Após contato com partes do corpo (ao assoar o nariz, ao tossir, por exemplo).
— Depois de usar o banheiro.
— Depois de trabalhar no estoque (com garrafas, caixas, sacos de alimentos, latas, vidros etc.).
— Após o contato com lixo ou material de limpeza.
— Após o contato com cigarros ou dinheiro.
— Sempre entre um serviço e outro.

→ Unhas curtas sempre são mais higiênicas. Nunca as deixe grandes nem pintadas, pois acumulam sujeira e o esmalte descascado pode cair na comida.

→ Mantenha suas mãos sem joias ou bijuterias que acumulam sujeira nos metais e podem cair sobre os alimentos.

→ No caso de ferimento nas mãos, proteja-o com curativo. Se o médico liberá-la para o trabalho, lembre-se de usar luvas para manipular os alimentos.

→ Não seque as mãos com toalhas que acumulam umidade, micróbios e fungos. Se possível, aplique um antisséptico (álcool 70%) ao final da lavagem e deixe secar naturalmente.

LUVAS

→ Existem vários tipos de luvas, além das usadas para servir alimentos prontos: (1) luvas térmicas que suportam calor; (2) luvas de malha de aço para cortar carnes e ossos; (3) luvas mais grossas e de cano longo para fazer limpeza.

→ Use luvas de látex descartáveis sempre que for necessário ou recomendado pelo Manual de Boas Práticas de sua unidade. Muitas vezes, por exemplo, recomenda-se o uso de luvas para manipular alimentos prontos para o consumo (cozidos ou não) e frutas e verduras já higienizadas.

→ Evite acidentes! Nunca use luvas de látex quando mexer com fogão, forno e máquinas de moer, bater e cortar.

→ Lembre-se de higienizar as luvas quando acabar o serviço e colocá-las para secar.

CABELOS

→ Limpos, penteados e presos, os cabelos devem ainda ser protegidos por toucas ou redes, mesmo se tratando de cabelos curtos.

→ Nunca se penteie na cozinha para que fios de cabelo não caiam na comida.

→ Atenção, merendeiros: no caso dos homens, barbas e bigodes devem estar sempre bem aparados. Os cabelos também devem estar protegidos com touca ou rede. Se quiserem, podem usar um boné sobre a rede de cabelo.

UNIFORME

→ Cuide bem de seu uniforme. Procure estar sempre bem alinhada, com o uniforme completo e o avental branco e limpo.

→ Evite encher os bolsos do uniforme de coisas: elas podem cair sem querer na comida. Brincos, colares, bijuterias, cigarros, canetas etc. devem ficar guardados na sua bolsa, no vestiário.

→ Se for necessário carregar algum objeto, coloque-o sempre nos bolsos inferiores do uniforme.

→ Lembre-se que o uniforme é para uso exclusivo no ambiente de trabalho. Não saia vestida com ele para outros lugares.

CALÇADOS

→ Use calçados fechados de solado antiderrapante, pois a gordura no chão da cozinha pode causar escorregões e acidentes, sem falar do risco de água quente ou alimentos quentes caírem em seus pés.

→ Para limpeza, uma bota de borracha é a melhor opção.

→ Lembre-se de sempre usar meias para evitar o mau cheiro nos pés.

SAÚDE

→ O exame anual exigido na caderneta de saúde deve ser realizado, pois é importante para a manutenção da saúde do profissional e para a segurança dos que frequentam o refeitório e a cozinha da escola. Mantenha sua carteira de saúde em dia.

→ Se estiver doente, procure um médico e avise seu superior imediato. O médico terá condições de determinar se você deve se afastar ou não do trabalho.

→ Caso sofra algum ferimento leve, proteja-o com curativo e use luvas.

→ Caso ocorra um acidente mais grave, como queimaduras de segundo ou terceiro graus, procure um médico imediatamente.

Trabalhar na escola também é respeitar e dar carinho.

AS **ROTINAS** DE TRABALHO

CAPÍTULO 2

As **rotinas** de trabalho

Organizar sua rotina de trabalho é muito produtivo: você ganha em eficiência e segurança. Diz o ditado que **"quem planeja bem, metade do trabalho tem"**, ou seja, o planejamento facilita o trabalho. Antecipando suas necessidades, você sempre organiza melhor o seu dia e se torna mais ágil.

Se a organização resultar em algum tempo de sobra, utilize-o para fazer coisas diferentes, como conversar mais com os alunos, ver o que eles gostam de comer ou o que não gostam, saber o porquê de não comerem determinado alimento. Este é o momento para ter ideias de como levá-los a experimentar receitas diferentes, pensar em novas maneiras de apresentar os pratos, relaxar um pouco...

Basicamente, a rotina da merendeira pode ser dividida em quatro etapas e em todas elas é possível poupar tempo:

1. *Chegada ao local de trabalho*
2. *Pré-preparo dos alimentos*
3. *Preparo das receitas e distribuição das refeições*
4. *Limpeza e organização do ambiente*

Chegada ao local de trabalho

Imaginando que no dia anterior tudo foi deixado limpo e organizado, bastaria você chegar, colocar seu uniforme e começar a trabalhar. Mas de vez em quando acontecem contratempos que precisam ser resolvidos logo que você entra na cozinha!

Embora o correto seja finalizar todas as tarefas iniciadas no mesmo dia, podem ocorrer imprevistos. E a pontualidade será sua aliada se precisar fazer alguma coisa que não deu tempo no dia anterior.

Assim, mesmo que a cozinha esteja sempre limpa e organizada, lembre-se de verificar tudo diariamente. Isso facilita o desenvolvimento de suas atividades:

> Tudo está limpo e organizado?
> A lixeira está com sacos de lixo?
> Ainda há gás suficiente?
> Os pedidos de legumes, verduras, frutas etc. chegaram? Isso deve acontecer provavelmente duas vezes por semana.
> Os equipamentos estão todos funcionando?
> Todos os funcionários chegaram?

Ao entrar na cozinha para iniciar seu trabalho, lembre-se que a higiene das mãos e dos antebraços deve ser sua primeira ação. Esterilizar as mãos com álcool é um hábito que deve ser adquirido em seu trabalho. Precaução nunca é demais.

Já pronta para o trabalho, distribua e coordene as tarefas se tiver ajudantes. Verifique se está tudo organizado na cozinha, no refeitório e no estoque.

Arrume a cozinha para o pré-preparo das refeições. Higienize todas as bancadas que serão utilizadas na preparação dos alimentos, mesmo que tenha feito isso no dia anterior. Separe panelas, tábuas e talheres que serão utilizados.

Faça tudo com cuidado e crie um ambiente de trabalho agradável e descontraído, sem afobações.

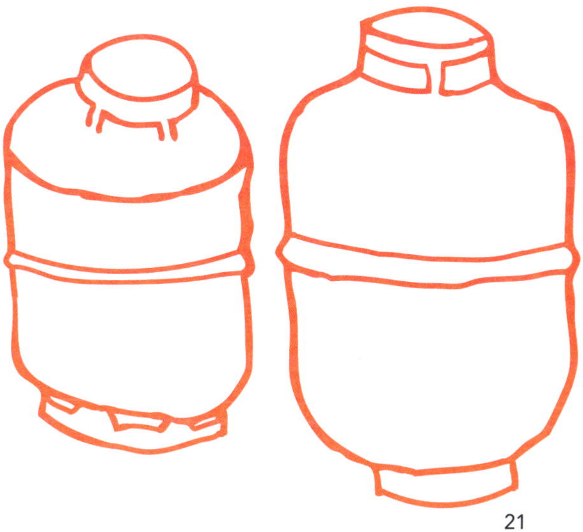

Como lidar com imprevistos

Chegar ao trabalho pontualmente ajuda muito quando você precisa lidar com contratempos. Como agir se faltar água ou gás? O que fazer se não tiver um dos produtos necessários para a preparação da comida? E se o ajudante não vier?

A ÁGUA ACABOU

Se faltar água ou gás, informe os seus superiores e certifique-se sobre o tempo que levará para a situação se normalizar. Se a falta de água ou gás puder ser resolvida no mesmo dia, substitua a refeição do primeiro turno por um lanche nutritivo e faça comida para o(s) próximo(s) turno(s). Se a situação não for normalizada no mesmo dia, substitua a refeição de todos os turnos.

PRODUTOS NÃO CHEGARAM

Se faltar algum dos produtos necessários para a preparação da refeição, informe seus superiores e sugira um novo cardápio condizente com os ingredientes disponíveis. Este é o momento de colocar sua criatividade para funcionar! Toda merendeira precisa ter um "plano B", caso precise substituir ingredientes.

A AJUDANTE FALTOU

Merendeira, imagine se a ajudante faltar. Você terá muito mais trabalho! Por isso é tão importante não acumular serviço para o dia seguinte, chegar pontualmente e executar com organização suas tarefas. Se o trabalho estiver em dia, a falta da ajudante será menos penosa.

Lanche: uma saída de emergência!

Os produtos não chegaram? E agora? O que você vai oferecer aos alunos? Tenha sempre uma solução para situações de emergência. Nesse caso, você vai precisar contar com os produtos armazenados no estoque.

Uma boa opção é o lanche. Guarde em estoque produtos que possam se tornar um lanche saboroso para os alunos. Ele pode ser composto de mingau, frutas ou suco de fruta com pão e geleia, queijo, presunto, mortadela ou patê, servidos com achocolatado, vitamina ou suco.

Mas lembre-se: fale sempre com seu superior direto ou a direção da escola antes de tomar qualquer providência.

Seja precavida e tenha um dia tranquilo de trabalho

⟶ Tente se adiantar, com segurança no preparo, em relação ao cardápio da semana, prestando sempre atenção às preparações do dia seguinte.

⟶ Comece pela receita mais demorada (conforme a ficha técnica de preparo) ou por aquela que se esteja fazendo pela primeira vez. Assim fica mais fácil servir a refeição pontualmente.

⟶ Fique atenta aos equipamentos e utensílios. Confira diariamente se eles estão em perfeitas condições de uso. Assim, você terá tempo para solicitar o reparo ou providenciar uma substituição.

⟶ Periodicamente, faça um relatório listando o que está faltando na cozinha ou no refeitório, para que seu trabalho possa ser feito com qualidade. O que é mais importante fica no topo da lista, para ser adquirido o quanto antes pela escola.

⟶ Confira as instalações indispensáveis para o seu trabalho: lembre-se de verificar se a caixa d'água e o filtro da pia estão limpos, e se o botijão de gás está cheio (aliás, é melhor ter sempre um cheio na reserva, estocado em condições adequadas e fora da cozinha). Se o gás for natural, fique atenta ao seu funcionamento.

⟶ A limpeza da cisterna e da caixa d'água não dependem de você, mas a cada seis meses, pelo menos, verifique se o serviço de higienização foi feito. A boa qualidade da água diminui o risco de contaminações.

Pré-preparo dos alimentos

No pré-preparo, você vai fazer a seleção dos alimentos que serão usados na refeição ou nas refeições do dia. Escolha os alimentos com rigor: os de maior valor nutricional e que estejam na safra, como você vai aprender nos capítulos seguintes.

Fique atenta aos prazos de validade dos alimentos. Se estiverem fora do prazo estampado na embalagem, podem causar danos à saúde. E com saúde não se brinca! Portanto, descarte-os, mesmo que não pareçam estragados. *Atenção: a responsabilidade é sua, seja rigorosa nessa avaliação.* A sua experiência e o seu bom senso devem ser levados em conta.

Evite o desperdício usando antes os produtos que tenham a validade mais curta, ou que estejam prestes a vencer. Sempre observe a aparência dos produtos. Este é o primeiro passo para evitar que o alimento estragado vá parar na panela.

É importante conhecer e controlar os produtos do almoxarifado e da despensa, pois se for necessário você pode sugerir alguma alteração no cardápio. Mas lembre-se de informar seu superior sobre qualquer problema ou mudança.

Assim, antes de usar qualquer produto, confira se:

> O alimento está limpo e com boa aparência? A cor parece correta?
> Há danos na embalagem (estufamento, furo, amassado ou ferrugem)?
> Há furos, umidade excessiva, bolor e insetos nos sacos de farináceos e cereais ou nos pacotes de massas, biscoitos e pães?
> Há espuma, vazamentos ou rachaduras nos vidros?
> As carnes têm consistência e odor adequados? A gordura está firme e sem mau cheiro?
> No caso de legumes e verduras, elas parecem frescas e não têm partes amolecidas?
> As frutas estão muito maduras, perfuradas ou machucadas? Nunca utilize as partes estragadas!
> Antes de utilizar os ovos, quebre um a um em tigelas separadas. Um único ovo estragado compromete a receita inteira e pode fazer muito mal à saúde.

Enfim, recuse tudo o que tenha aparência desagradável, odor, textura ou cor alterada e que não apresente data de validade e de fabricação. Caso necessário, solicite a troca do produto. Lembre-se também de identificar com etiquetas todos os recipientes utilizados para guardar ingredientes fora da embalagem original, como sal, açúcar, condimentos, temperos desidratados, farinha de trigo, mandioca, amido de milho etc. Assim você evita confusão na hora de separar esses itens para a receita. *E não esqueça de anotar a data de validade.*

Merendeira, você vai ver como os ingredientes mais bem selecionados se transformam em um prato atraente, nutritivo e seguro!

Nos capítulos 3 e 4, dedicados ao planejamento de cardápios e à preparação dos alimentos, passaremos por todas as etapas de pré-preparo com instruções práticas. Entre outros procedimentos, você vai aprender a selecionar alimentos considerando a periodicidade das safras de frutas, legumes e hortaliças e a fazer o controle de qualidade na escolha das proteínas.

Preparo das refeições

O planejamento de cardápios pode ser *semanal* ou *mensal*, conforme as normas da escola. Cabe ao nutricionista variar os ingredientes, dando importância ao colorido dos pratos. Caso a merendeira precise tomar decisões quanto ao cardápio do dia, uma boa sugestão é utilizar a pirâmide alimentar (explicada no capítulo 3) como um guia para orientar a combinação dos alimentos lembrando sempre de adequá-los ao paladar local.

No momento da distribuição das refeições, pode acontecer a rejeição de algum prato. Antes de informar ao seu superior imediato que determinada comida é sempre rejeitada, tente mudar sua forma de preparo e apresentação. Trocar os temperos de uma receita ou variar a quantidade indicada (reduzindo ou aumentando-a) pode tornar o prato mais saboroso, mas lembre-se de que para realizar essas alterações é preciso sempre considerar o valor nutricional da preparação.

Os temperos e as ervas aromáticas realçam o sabor dos alimentos e trazem benefícios à saúde. Alho e cebola são eficazes contra prisão de ventre, vermes, estimulam funções digestivas e reduzem a pressão sanguínea. A cebola tem uma função muito especial: ajuda os ingredientes a liberar seus sabores. A cenoura faz com que os sabores se concentrem na mesma receita. Cravo e canela perfumam e são excelentes para limpar o intestino. Os legumes podem ser mais bem-aceitos se forem picadinhos, refogados e misturados à carne, por exemplo.

Se apesar das tentativas de mudanças nas preparações culinárias, os alunos continuarem a recusar determinado alimento, informe à escola para que os responsáveis avaliem e cheguem a uma solução.

Alguns alimentos têm alto índice de rejeição para o paladar infantil, por exemplo, mesmo quando preparados de maneira atraente. Muitas vezes o paladar infantil se adapta melhor à simplicidade. No entanto, simplificar uma receita não significa deixá-la sem sabor. Em qualquer caso de rejeição de alimentos, o procedimento básico é levar a informação para os seus superiores.

Mas você também pode usar sua criatividade para dar sugestões, uma vez que tem o privilégio de conhecer seus comensais!

No capítulo 4, você vai encontrar muitas informações sobre preparo dos alimentos, com técnicas capazes de satisfazer o paladar de muitos alunos diferentes! E o capítulo 5 traz receitas que podem inspirar você, merendeira, a incrementar sua arte de cozinhar.

Que tal conhecer melhor seus "comensais"?

Comensais são todos aqueles que comem juntos. Conhecendo o gosto das turmas que se alimentam no refeitório, você vai descobrindo as preparações que devem ser feitas em maior quantidade e as que têm grandes chances de serem desperdiçadas. *Conhecer o paladar dos comensais também ajuda a planejar o trabalho.*

Uma boa ideia é ter um caderno para fazer suas anotações diárias. Anote, por exemplo, quantas refeições foram realmente servidas; *observe o que sobrou e o que faltou* (por exemplo, se a batata acabou rapidamente ou se o ovo todo sobrou).

A partir desses dados, informe a chefia imediata ou a diretora da escola o que comprar a mais ou a menos com base na lista de compras anterior. Tome nota também do número de rejeições dos pratos, para depois poder dar sua opinião sobre como evitar desperdício de alimentos.

Distribuição das refeições

Muitas crianças atendidas na rede pública são carentes e têm sua principal refeição do dia na escola. Mas o momento da refeição representa para o aluno muito mais do que receber um prato de comida para matar a fome. Ele vai se alimentar, claro, mas também estará recebendo a atenção e o carinho da merendeira e dos funcionários do refeitório.

A hora de comer é um momento de lazer. Os alunos compartilharão com os amigos uma saborosa refeição e tudo isso pode se tornar uma imensa fonte de prazer para eles. Procure cativar e educar o aluno para tirar maior proveito desse encontro na hora da refeição.

Veja algumas orientações sobre como fazer isso:

1 → Os alunos serão servidos um depois do outro, respeitando a fila. Lembre-se, merendeira, no refeitório a autoridade é você. Caso os alunos comportem-se com ansiedade e agitação, você poderá pedir gentilmente para que tenham paciência enquanto esperam a vez de serem servidos.

2 → Os pratos e os talheres deverão estar dispostos antes dos recipientes com as comidas para tornar a fila mais organizada.

3 → As comidas ficam dispostas em um balcão ou mesa. A merendeira fica atrás para servir.

4 → Cuide para que o alimento seja servido na temperatura adequada, nunca muito quente nem muito frio (70°C é a temperatura ideal para pratos quentes).

5 → A água ou suco e os copos ficam dispostos em outra bancada ou mesa próxima. Os líquidos são acondicionados em jarras ou bombonas, em que o aluno pode se servir sozinho, dependendo da idade. Se for uma turma de crianças muito novas, cabe à merendeira servir a bebida também.

6 → Trate a todos com igualdade, servindo porções de tamanho semelhantes. Cabe a você avaliar se a quantidade é suficiente para permitir que o aluno repita a refeição. O ideal é que a refeição seja servida de maneira balanceada para todos os alunos. No entanto, nada impede que um aluno peça para repetir ou escolha não ser servido de determinado alimento. O aluno que quiser repetir deverá entrar novamente na fila.

7 → Monte pratos com boa aparência. Refeições coloridas são um sucesso e é o ideal para conter todos os nutrientes. As crianças começam comendo com os olhos. A primeira impressão estimula outros sentidos, como a memória gustativa e o conhecimento de texturas e sabores.

8 → Aproveite a oportunidade de estar com o aluno para dizer que ele deve mastigar bem o alimento.

9 → Retribua os gestos de boa educação quando, por exemplo, receber um elogio pela comida ou um agradecimento.

10 → Os alunos também podem e devem colaborar na arrumação do ambiente. Oriente-os a devolverem pratos, copos e talheres sujos para os locais corretos. Para facilitar essa colaboração, disponibilize lixeiras no refeitório para separar o lixo e bacias para separar os utensílios usados para lavagem. A sobra de comida deve ir para o lixo. Os pratos e os talheres devem ir para as bacias, separadamente.

Limpeza e organização do ambiente

Organize seu tempo para limpar tudo o que foi utilizado no preparo da comida e na distribuição das refeições. *A organização é fundamental na rotina de uma merendeira*: o preparo, a limpeza e a organização são tarefas que andam sempre juntas! *A cada nova tarefa tudo deve estar limpo.*

A ideia é **"FAZER > LIMPAR > ORGANIZAR"** ou **"FAZER > ORGANIZAR > LIMPAR"**.

Fora a limpeza do refeitório, que também é de sua responsabilidade, não se esqueça do piso da cozinha, bem como das bancadas, mesas, equipamentos e utensílios: tudo deve estar limpo para evitar a contaminação dos alimentos.

Uma vez por semana é importante separar um tempo para a limpeza de geladeira, congelador, armários, despensa, janelas, coifas e luminárias. Para o rendimento integral de seu tempo, distribua essas tarefas ao longo da semana.

Periodicamente, é a vez do estoque. Manter o espaço limpo, ventilado e todos os ralos tapados. Essas medidas preventivas contra mofo e insetos são indispensáveis, segundo a legislação brasileira. Não se esqueça de limpar as paredes, luminárias e esquadrias de portas e janelas, que também podem acumular sujeira e atrair insetos no estoque.

O objetivo principal da limpeza, você sabe, é evitar a contaminação dos alimentos.

Para realizar a limpeza e organizar melhor o seu ambiente de trabalho, veja a seguir algumas dicas.

Dicas de limpeza

TETO E PAREDES

⟶ Comece a limpeza sempre de cima para baixo, ou seja, do teto para o piso. Assim você não suja o que já limpou antes.

⟶ Os cantos das paredes próximos ao teto costumam juntar teias de aranha. Limpe esses cantos periodicamente (ou sempre que necessário) com pano limpo enrolado em uma vassoura, por exemplo.

⟶ Uma receita simples e econômica para retirar manchas das paredes é misturar, em partes iguais, vinagre e água morna, e aplicar sobre as manchas. Depois é só esfregar com um pano.

PISO

⟶ Para evitar acidentes, mantenha o piso da cozinha sempre bem seco e limpo. Enquanto estiver molhado, sinalize-o para evitar escorregões e acidentes mais graves.

⟶ Nunca levante poeira na cozinha. Varrer o piso seco contamina os alimentos, equipamentos e utensílios com poeira. A limpeza deve ser feita com esfregão ou pano úmido.

⟶ Nunca misture panos de chão com panos de prato. Separe os panos de uso exclusivo da cozinha durante a lavagem e, quando for guardá-los, escolha um local diferente de onde guardou os panos usados na limpeza geral.

⟶ Os ralos devem ser limpos sempre que o piso da cozinha for lavado. Jogue água quente depois de limpá-los. Isso fará com que a gordura e os insetos escoem pelo ralo. Este procedimento evita mau cheiro e acúmulo de sujeira.

ARMÁRIOS

⟶ O vinagre é um ótimo desinfetante e neutralizante de odores. Além disso, ele não oferece riscos à saúde como outros produtos químicos. Use a mesma solução de vinagre indicada anteriormente para limpar os armários da cozinha e as prateleiras do estoque.

⟶ Para evitar umidade no armário, deixe lá dentro alguns pedaços de giz ou pedaços de carvão vegetal. Isso vai tirar a umidade do ar e evitar o mofo.

ESTOQUE

⟶ Comece a limpeza usando a técnica de limpeza para pisos e paredes, ou seja, de cima para baixo: primeiro teto, luminárias, paredes e janelas, depois armários e prateleiras. Por último, o piso.

⟶ Desocupe uma prateleira de cada vez (comece da mais alta para a mais baixa), higienizando cada uma por baixo e por cima.

⟶ Limpe as embalagens dos produtos antes de retorná-los para seus lugares.

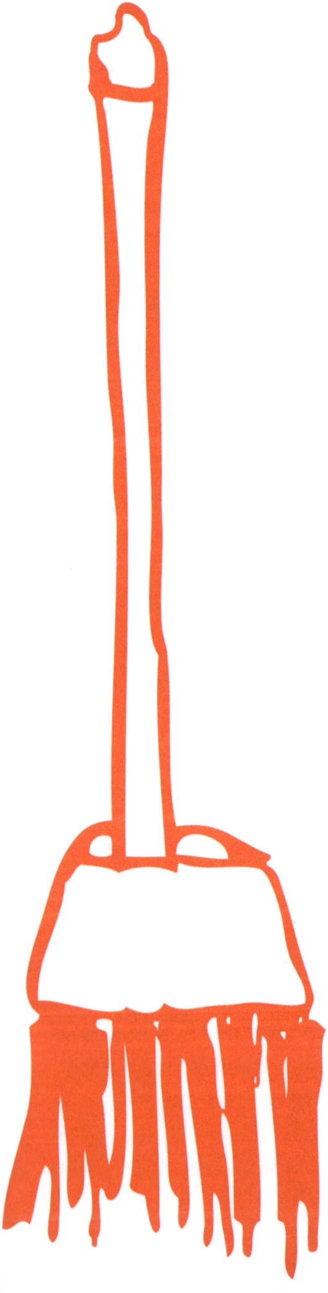

Não facilite a vida das pragas e dos insetos

Um dos desafios da segurança dos alimentos é *combater os transmissores de doenças, como ratos, baratas e moscas*. Se tudo estiver sempre bem limpo, fica mais difícil a vida das pragas e insetos, e você nunca vai encontrar alimentos contaminados.

Siga estas recomendações para manter o ambiente de acordo com os requisitos sanitários:

→ Mantenha o ambiente de trabalho (refeitório, cozinha e estoque) sempre limpo.

→ A escola deve colocar telas milimetradas nas portas, janelas e demais entradas. Deve-se proteger também a fenda inferior das portas usando borracha de vedação ou outro material apropriado.

→ Atenção aos buracos e rachaduras dos rodapés e paredes, esses devem ser tapados com massa. Os pequenos espaços são convites para roedores, insetos e seus ninhos.

→ A dedetização do refeitório e cozinha deve ser feita sempre que necessário. Uma empresa certificada pode orientar sobre cuidados especiais na cozinha depois da aplicação de pesticidas. As prefeituras oferecem serviços de desratização gratuitos.

→ Quase todo mundo já perdeu uma batalha contra os carunchos, aqueles pequenos besouros que aparecem em sacos de feijão, farinhas e cereais. É comum a aparição desses insetos em produtos estocados por muito tempo. Por isso, analise bem o alimento quando recebê-lo e antes de prepará-lo, para evitar o cozimento de produtos infectados.

→ Ralos do tipo abre e fecha evitam a entrada de pragas pelo encanamento. E não esqueça: a higienização de ralos, já explicada anteriormente, deve ser diária.

EQUIPAMENTOS

⟶ Desligue o aparelho da tomada e desmonte as peças de encaixe.

⟶ Se necessário, use palitos ou escovinhas para levantar a sujeira de entradas de difícil acesso.

⟶ Limpe os equipamentos após o uso ou no fim do dia.

⟶ Lave as peças separadamente com água, esponja e detergente neutro. No caso de peças engorduradas, use água morna para facilitar a limpeza.

⟶ Deixe as peças limpas secarem naturalmente. Não use pano seco no final da tarefa.

⟶ Nos equipamentos com motor, lembre de que este não pode ser molhado. Use apenas um pano limpo e umedecido com detergente, esfregando até que tenha saído toda a sujeira. Por fim, passe um pano umedecido limpo para retirar o sabão.

GELADEIRA

⟶ Com a geladeira desligada e descongelada (se o modelo exigir descongelamento), retire as prateleiras e gavetas para serem lavadas separadamente com sabão neutro, esponja macia e água.

⟶ Nunca use palha de aço ou materiais abrasivos que possam danificar o equipamento. Produtos com cheiro, como água sanitária ou outros produtos químicos, não devem ser aplicados porque podem contaminar os alimentos.

⟶ Para retirar totalmente o odor da geladeira, é recomendado aplicar uma solução de bicarbonato e água (1 colher de sopa para 2 litros de água morna). Seque com pano bem limpo e macio que não deixe fiapos.

⟶ As prateleiras e gavetas só retornam quando já estiverem limpas e secas.

⟶ Ao final, é preciso limpar a grelha metálica que fica aquecida na parte traseira da geladeira, o condensador. Com uma escovinha retire toda a poeira e impurezas acumuladas. A grelha deve permanecer livre, sem qualquer objeto impedindo a ventilação e o bom funcionamento do motor.

⟶ Para limpar a parte externa da geladeira, passe um pano úmido e, se necessário, use sabão neutro.

FOGÃO

⟶ Limpe o fogão diariamente.

⟶ Para limpar o fogão por fora, use apenas um pano úmido e sabão neutro. Caso o fogão seja em aço inox, limpe-o com água morna e o desengordurante adequado.

⟶ Conforme a necessidade, faça uma limpeza mais profunda observando o estado dos queimadores e dos cachimbos. Para limpá-los, deixe-os de molho em uma bacia com água morna. Se for necessário, afervente-os para soltar toda a gordura acumulada. Depois do molho, lave as peças com escova.

→ Nunca utilize produtos de limpeza abrasivos, pois podem retirar a proteção antiferrugem e danificar as peças do fogão.

→ Observe também a necessidade de troca da mangueira de gás (a validade é de 5 anos).

→ Periodicamente faça uma revisão do equipamento com empresa autorizada.

FORNO

→ Deixe o forno levemente aquecido para amolecer a gordura, isso facilitará a limpeza.

→ Com a chama apagada, retire cuidadosamente o excesso de gordura com um pano úmido ou com uma esponja. Use a parte macia da esponja e nunca use facas ou materiais abrasivos, pois eles estragam o forno.

→ Com o forno já frio, termine de limpar com uma esponja macia usando um desengordurante apropriado.

→ Finalize passando pano úmido limpo e depois pano seco limpo.

UTENSÍLIOS

→ Lave os utensílios com detergente neutro. Retire toda espuma em água corrente. Enxágue com água fervente.

→ Use sempre o escorredor de louça e nunca use panos de prato para secar os utensílios. Só os guarde depois de limpos e totalmente secos.

→ Para tirar o amarelado das peças plásticas ou acrílicas (copos, potes, espátulas, colheres etc.), deixe-as em imersão por algumas horas em uma solução de bicarbonato de sódio dissolvido com água (1 medida de bicarbonato para 4 de água). Ao notar a diferença de cor, retire as peças da solução e lave com detergente neutro e esponja macia. Enxague bem. Ponha para secar no escorredor e guarde quando estiver bem seco.

→ Recipientes plásticos e de metal que já estiverem muito usados e com ranhuras devem ser substituídos por novos. As ranhuras são espaços de proliferação de bactérias que contaminam os alimentos.

Por que não usar panos de prato para enxugar utensílios e equipamentos?

Os panos de prato podem ser fonte de contaminação indireta dos alimentos. Bactérias e fungos se mantêm vivos e se multiplicam nos panos de prato conforme estes são usados na cozinha. Daí para contaminar o alimento que será consumido é um pulo! Basta que o alimento entre em contato com louças, talheres, ou mesmo equipamentos (como liquificador, cortador de frios etc.) que foram enxugados com o pano.

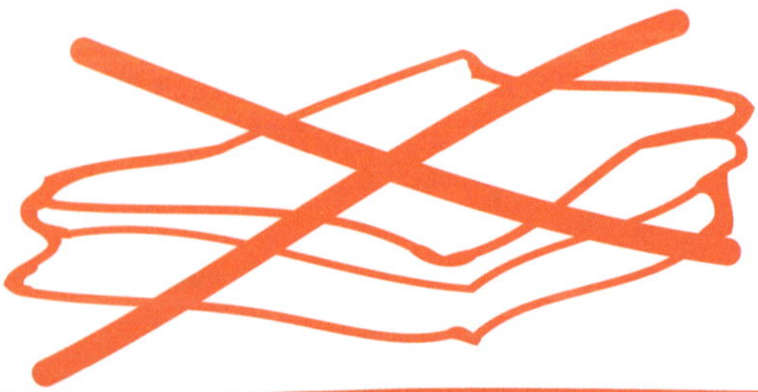

Organização do estoque

Com o estoque organizado você localiza com rapidez os produtos armazenados e ainda agiliza a limpeza do ambiente. Os produtos devem ser arrumados nas prateleiras pela ordem de recebimento: os mais antigos na frente, os mais recentes atrás. Nessa arrumação também é preciso cuidar para deixar o ar circular, o que ajuda na conservação dos produtos. Assim, é importante respeitar certas distâncias:

- Distância do teto ou forro até a prateleira: **60 cm**
- Distância dos estrados ou estantes até a parede: mínimo **30 cm**
- Distância da prateleira até o piso: **20 cm**
- Distância do estrado até o piso: **20 cm**

Seguem agora algumas recomendações para manter a organização do estoque:

> Para arrumar o estoque, retire as latas e sacos dos fardos que contêm várias unidades do mesmo produto e armazene-os em prateleiras ou estrados, formando pilhas. Cada pilha deve conter apenas alimentos iguais (por exemplo: uma pilha com sacos de farinha e outra com os de arroz).

> Havendo espaço, separe tudo por categorias em prateleiras diferentes (por exemplo: massas e grãos em uma prateleira e derivados de tomate em outra). Se puder, distancie os doces dos salgados, assim você evita que os produtos mudem de odor e/ou de sabor.

> Utilize recipientes limpos de plásticos ou vidro para acomodar ingredientes em embalagens menores como fermento, sachês de gelatina e temperos.

> Posicione os alimentos com prazos de validade mais curtos à frente das prateleiras para serem usados primeiro. Os prazos de validade maiores ficam atrás para serem usados depois.

> Use as prateleiras mais baixas para os itens mais pesados (garrafas, caixas de leite e latas, por exemplo). Se possível, deite as caixas e garrafas e empilhe umas sobre as outras.

> Materiais em papel ou plástico (guardanapos, toalhas de papel, copos de plástico, canudos, por exemplo) podem ser armazenados na altura dos olhos. Estes produtos serão utilizados várias vezes ao dia, e nesta posição o acesso é facilitado.

> Não forre as prateleiras com toalhinhas plásticas ou qualquer outro tipo de tecido. Elas podem atrair insetos e bloqueiam a circulação de ar.

> Outro atrativo para insetos são embalagens abertas. Todo produto não perecível aberto deve ser acondicionado em embalagens plásticas ou de vidro bem fechadas com etiqueta que identifique a validade do alimento. Os produtos não perecíveis abertos devem ser devidamente acondicionados para continuarem guardados no estoque.

> Os produtos perecíveis abertos devem ser guardados na geladeira acondicionados em recipientes plásticos ou de vidro com etiqueta que identifique a validade do mesmo.

> Os materiais de limpeza devem ficar bem longe dos produtos alimentícios. É importante manter uma estante exclusiva para eles, de preferência em outro local, como outro armário ou despensa.

> Vassouras, pás e rodos também precisam ficar bem longe dos alimentos. Se houver como pendurar ganchos na parede, eles são bem práticos para essa organização. Uma vez em uso, esses objetos devem obrigatoriamente ser guardados em outro espaço que não seja a despensa ou o estoque de alimentos.

Organização da geladeira e do congelador

O melhor recipiente para armazenar alimentos na geladeira e no congelador é o pote de plástico com tampa de boa vedação e de preferência transparente. Deixe sempre os potes tapados para evitar contaminação, mudança do odor ou ressecamento do alimento.

É obrigatório o uso de etiqueta em todos os recipientes utilizados para armazenar alimentos. No caso de uma preparação pronta a ser congelada, a etiqueta deve identificar o nome da preparação culinária e o dia que foi preparado. Já os produtos que sobraram e foram acondicionados em vidros com tampa ou potes de plástico devem ter *o nome do produto* e o *prazo de validade* que estava na embalagem.

Assim, não se corre o risco de, por exemplo, descongelar o produto errado ou usar um alimento com o prazo vencido na hora de cozinhar. Veja agora, merendeira, algumas dicas para organizar a geladeira e o congelador:

- As prateleiras superiores da geladeira devem guardar os alimentos mais perecíveis, como os alimentos prontos, frios e ovos.
- Já as prateleiras do meio servem melhor ao armazenamento de laticínios (queijo e manteiga, por exemplo) e alimentos semiprontos.
- Nas prateleiras de baixo ou gavetas, devem ficar frutas, legumes e verduras. Para conservá-los, mantenha-os em sacos plásticos fechados. Isso ajuda a preservar a umidade natural do alimento e a retardar a perda de integridade – umedecer, melar e apodrecer.
- Na porta da geladeira, guarde as bebidas e as compotas, geleias, pimentas, azeitonas ou temperos.
- Para armazenar sobras de enlatados, embalagens longa vida ou Tetra Pak, transfira o alimento para um recipiente plástico com tampa e descarte a lata aberta. Não esquecer de identificar com etiqueta o nome e a validade do produto.
- Alimentos que sobram nas panelas também devem ser transferidos para um recipiente adequado e, depois, colocados na geladeira ou no congelador, devidamente etiquetados.
- As recomendações gerais para armazenar alimentos congelados são parecidas com as da refrigeração, o que muda radicalmente é a temperatura.
- A maioria dos alimentos pode ser congelada. Gelatina, clara em neve, batata cozida, creme de leite, queijos minas, ricota, vegetais crus e ovos não ficam bons depois de descongelados. O molho, porém, deve ser congelado à parte.
- O alimento descongelado não deve ser congelado novamente para evitar contaminação.

Cuidados com o lixo

Manipular o lixo pode parecer uma tarefa mecânica muito simples, no entanto, requer vários cuidados e procedimentos especiais que garantam que o lixo não contaminará quem o manipula nem o ambiente.

A lixeira ideal para cozinhas deve ter tampa e pedal, para evitar que se toque nela para abri-la.

Usando o pedal, não há risco de contaminar as mãos ao descartar o lixo.

Listaremos agora as medidas preventivas contra contaminações pelo lixo e os cuidados para manter os animais longe dele.

→ Sempre que manipular o lixo utilize luvas de borracha com cano longo, exclusivas para essa atividade.

→ Mantenha as lixeiras em local mais reservado possível: sob uma cobertura que as proteja do sol e da chuva, e longe de cães e gatos.

→ Nunca deixe a lixeira da cozinha sobre a bancada.

→ Ela deve ficar no chão, perto do local onde os alimentos são manipulados.

→ Nunca deixe sacos de lixo soltos sobre bancadas, nem no chão, mesmo que fechados.

→ Use sacos de tamanho apropriado para a lixeira. Isso evita que o lixo caia no piso.

→ Não deixe que os sacos de lixo fiquem totalmente cheios. É necessário conservar um espaço para fechá-los com segurança.

→ Recolha os sacos de lixo sempre que atingirem o limite de sua capacidade de armazenamento.

→ O ideal é que a lixeira tenha tamanho suficiente para comportar todo o lixo de um turno, a fim de que a troca seja realizada no intervalo de um turno para o outro.

→ Deposite os sacos de lixo recolhidos em caçambas externas próprias para este fim.

→ Todas as lixeiras devem ser lavadas antes de receber um novo saco de lixo. Este procedimento serve tanto para as lixeiras internas quanto externas.

→ Diariamente, confira se os depósitos de lixo externos à escola foram lavados (esta tarefa é do faxineiro).

→ Fique atenta aos dias e horários que o caminhão do lixo passa para recolher os resíduos. Descarte a maior quantidade possível de lixo um pouco antes do horário. Assim você evita que o lixo permaneça na rua por muito tempo e atraia animais.

→ Sempre desinfete as luvas e as mãos após manipular o lixo.

Merendeira, você quer ampliar seus conhecimentos?

Para saber mais sobre suas rotinas de trabalho e como manter a segurança na manipulação dos alimentos, recomendamos para você, merendeira, estas publicações editadas pelo Senac.

Boas Práticas na manipulação de alimentos, das autoras Luciane Pereira, Andrea Nunes Pinheiro e Gleucia Carvalho Silva, explica com detalhes os procedimentos adequados de todas as rotinas de trabalho do manipulador de alimentos.

Segurança na manipulação dos alimentos: missão (super) possível é uma história em quadrinhos divertida que esclarece os cuidados para evitar contaminação em serviços de alimentação.

Coleta seletiva

Hoje a coleta seletiva do lixo reciclável está disponível em muitas cidades e, nesse caso, é o próprio poder público (às vezes com associações ou cooperativas) quem se ocupa de transportar e transformar o material gasto em produtos novos.

Para dar o bom exemplo na escola e colaborar com a educação ecológica dos estudantes, separe o lixo da cozinha. Essa é uma prática simples. Só é preciso um pouco de paciência no começo para depois se tornar um hábito na vida de todo mundo. Que tal começar na cozinha e no refeitório onde você trabalha?

➜ Separe os resíduos orgânicos ou molhados (restos de comida, folhas e cascas de hortaliças e legumes descartados) dos resíduos inorgânicos (copos e sacos de plástico, guardanapos, embalagens de lata e vidro).

➜ Coloque cada tipo de resíduo em sacos de lixo diferentes (muitas vezes são utilizados sacos de cores diferentes para facilitar e educar as pessoas). Deposite os sacos em lixeiras separadas, uma lixeira para os orgânicos e outra para os recicláveis.

➜ Procure sempre lavar e deixar escorrer as embalagens de plástico, vidro e metal antes de jogá-las fora. Este procedimento evita a aproximação de insetos e melhora o aproveitamento do material na reciclagem.

Reciclagem: um benefício direto para a escola

As escolas também podem tirar muito proveito do lixo reciclável. Embalagens plásticas ou de papel, latas e garrafas podem ser usadas como sucata para a produção de brinquedos artesanais e educativos.

O material biodegradável também pode ser útil se usado como adubo na horta escolar. Assim, se houver uma horta na escola, crie um terceiro lixo exclusivo para tudo o que for vegetal, como cascas e folhas das hortaliças e cereais. A borra de café também é material valioso para o processo de compostagem, que transforma matéria orgânica em adubo.

Todo lixo reciclável produzido pela escola pode ser vendido, gerando verba para melhorias na escola.

O óleo usado na cozinha também pode ser armazenado para futuras trocas ou doações com a finalidade de reciclagem. Há diversos projetos que incentivam a reciclagem do óleo de cozinha. Alguns se ocupam da confecção de sabão em barra a partir deste óleo e, às vezes, em troca do óleo a escola recebe o sabão em barra reciclado. Outros projetos recebem este óleo para produzir biocombustível.

Enfim, reciclar o lixo é palavra de ordem!

Lembre-se que lixeiras de diferentes cores ajudam a separar o lixo. Papel, metal, vidro e plástico devem ser separados sempre e entregues para a coleta seletiva.

Horta escolar

A horta escolar já é uma realidade em vários colégios do Brasil e o Ministério da Educação oferece diversos modos de apoio a essa atividade.

Com a horta escolar, você terá alimentos frescos para cozinhar e poderá fazer uma refeição bem mais atrativa e econômica. *Mas o mais importante é que a horta produz alimentos orgânicos, livre de agrotóxicos, que são bem mais saudáveis.* Além de tornar a merenda mais saborosa e nutritiva, plantar uma horta na escola pode ser muito divertido.

Quando o aluno participa do cultivo da horta, passa a sentir interesse verdadeiro pela natureza e é levado a consumir alimentos que ele mesmo plantou ou cuidou. O professor também ganha a oportunidade de fazer das fontes de vitaminas e sais minerais um instrumento criativo de aprendizado de ciências naturais, educação sanitária, ambiental e alimentar.

Converse com a diretora de sua escola para incentivar parcerias com empresas, faculdades ou escolas técnicas que possam auxiliar prestando assessoria e fornecendo material para o plantio. Cada município oferece diferentes projetos que colaboram para a viabilização da horta escolar. E na prática? *O que é necessário para que a horta se torne realidade?*

Planejamento

Você sabia que para começar uma plantação você não precisa de um terreno muito grande? As hortaliças são plantas que podem ser cultivadas em áreas relativamente pequenas. Além disso, é importante saber que cada espécie é favorecida por uma época do ano diferente. Por isso é importante planejar o que será plantado na horta e plantar na época correta.

Para organizar as quantidades, faça uma estimativa do quanto de cada hortaliça é consumido na escola por semana. Calcule as quantidades a serem plantadas. Leve em conta o espaçamento entre as mudas recomendado pelo fabricante. Assim você saberá o espaço necessário para cada uma delas.

Tenha na horta escolar um pouco de tudo. A variedade garante uma alimentação rica em nutrientes. Selecione o que for da preferência dos alunos entre legumes, folhas, tubérculos, raízes, bulbo, frutos, frutas, sempre lembrando das espécies regionais e mais rústicas que não precisem de cuidados intensivos como o milho e a mandioca, por exemplo.

Se possível, reserve algum espaço para os feijões, são espécies que contribuem para a fertilidade do solo, vão ser úteis para toda a horta.

Plante também espécies que tenham propriedades terapêuticas e possam ser usadas na cozinha, como tomilho, alecrim, salsinha, alho, cebola e manjericão.

Se possível encontre locais próximos da horta onde plantar árvores frutíferas de pequeno porte como as bananeiras, e aproveite a cerca de proteção da horta contra invasão de animais para plantar trepadeiras frutíferas como o maracujá.

Escolha e limpeza do local

Para começar, procure o lugar onde vai ser feita a horta. Prefira um terreno plano ou, no máximo, levemente inclinado. Escolha um cantinho na escola, ou algum terreno disponível nas redondezas, que seja bastante ensolarado. O local deve receber no mínimo 8 horas de sol todo dia.

Verifique se o lugar fica perto de uma saída de água limpa, pois a horta precisa ser regada todos os dias com água potável. Para economizar água, uma solução é captar as águas da chuva por meio das calhas dos telhados da escola: é uma grande economia na conta de água encanada! Nunca plante próximo a fossas, esgotos, lixos ou produtos tóxicos, já que os alimentos seriam contaminados.

Se o espaço é coberto de mata, pastagem ou cerrado, será necessário limpar tudo: capinar o terreno é fundamental. Em seguida, revolva a terra para fazer os canteiros (normalmente os canteiros têm 80 cm de largura x 20 cm de altura, e o comprimento variável), plantar e cercar a área. Caso a escola não disponha de todas as ferramentas, uma enxada e uma vassoura podem resolver todo o serviço.

Temperos que dão aquele sabor!

Se a escola não tiver nenhum espaço sobrando, nem um terreno por perto para fazer a horta, algumas hortaliças-herbáceas (aquelas utilizadas como tempero) podem ser plantadas em vasos. Imagine ter manjericão, salsa, cheiro-verde, alecrim, cebolinha... frescos, para dar mais sabor aos alimentos!

Não é simples? Comece logo!

Dicas de plantio, manutenção da horta e colheita

O PLANTIO

Plantar e colher são atividades recomendadas para a parte da manhã ou no fim do dia, quando a temperatura está mais fresca.

Lembre-se de começar adubando a terra dos canteiros, tanto para plantar mudas quanto para semear. Isso é fundamental.

Os alunos e funcionários vão precisar andar entre os canteiros para cultivar a horta, para isso é preciso manter um espaço de aproximadamente 70 cm entre eles.

Com os canteiros prontos, é hora de semear ou plantar as mudas. Se for plantar mudas já grandes, faça as covas com tamanho médio de 20 cm x 20 cm x 20 cm.

Exemplos de algumas espécies que só podem ser transplantadas quando já são mudas: alface, escarola, cebola, cebolinha, coentro, alho-poró, repolho, beterraba, brócolis, chicória, couve-flor, repolho, couve e jiló. Nesses casos, as mudas podem ser compradas em lojas de jardinagem, prontas para plantar. Ou então use sementeiras para plantar até que se transformem em mudas e possam ser levadas aos canteiros.

Para plantar uma muda no canteiro, coloque-a na terra sem pressionar muito para não compactar a cova. Regue bem e mantenha a rega por duas vezes ao dia até que a hortaliça tenha vingado.

Para plantar sementes diretamente no canteiro, com o dedo indicador faça um furo na terra com a profundidade de 3 a 4 vezes o tamanho das sementes. Enterre-as, cubra-as com terra e regue.

Veja alguns exemplos de hortaliças para semear diretamente no canteiro: alho, abóbora, abobrinha, cenoura, espinafre, ervilha, pepino, melancia, vagem, inhame e batata-baroa (mandioquinha).

Fique atenta às instruções contidas nas embalagens de sementes. O fabricante indica o espaçamento adequado para cada cultura (espaço entre linhas de plantação e entre as mudas nas mesmas linhas), época de plantio e necessidades específicas.

MANUTENÇÃO DA HORTA E COLHEITA

Adube a terra dos canteiros com regularidade.

Afofe a terra dos canteiros regularmente para oxigenar e abrir espaço para irrigação.

Cuidado para não regar demais! Muita água pode prejudicar as plantas favorecendo o surgimento de fungos. A rega deve ser diária, uma a duas vezes ao dia, dependendo da necessidade de cada espécie. Regue suavemente sem machucar as plantas e sem deixar que a terra escorra do canteiro.

Complemente a quantidade de terra nas hortaliças para fixá-las no solo sempre que necessário. Isso também vai estimular o crescimento de raízes.

Regularmente, limpe o mato que cresce no canteiro e pode sufocar as hortaliças.

Retire as plantas em excesso para a manutenção do espaçamento entre elas (isso pode ser necessário e é bem comum na semeadura direta no solo).

Os caules de algumas espécies precisam de apoio para se desenvolver melhor. Coloque estacas para apoiar os caules de pés de tomates, pepinos e vagens, por exemplo.

Varie a espécie de hortaliça a cada cultivo: isso ajuda a restaurar a fertilidade do solo. Por exemplo: no canteiro onde se plantou alface, plante couve ou espinafre.

Há diversas hortaliças que não precisam ser colhidas inteiras, basta extrair algumas de suas folhas. Por exemplo, agrião, salsa.

Quando for colher só algumas folhas, dê preferência às mais velhas, para que a planta continue saudável e tenha folhas novas sempre.

Mãos à obra!

Sugira à direção da escola o cultivo de uma horta. Seguindo essas orientações, já é possível começar a pensar em um projeto!

NUTRIÇÃO E PLANEJAMENTO DE **CARDÁPIOS**

CAPÍTULO 3

Nutrição e planejamento de **cardápios**

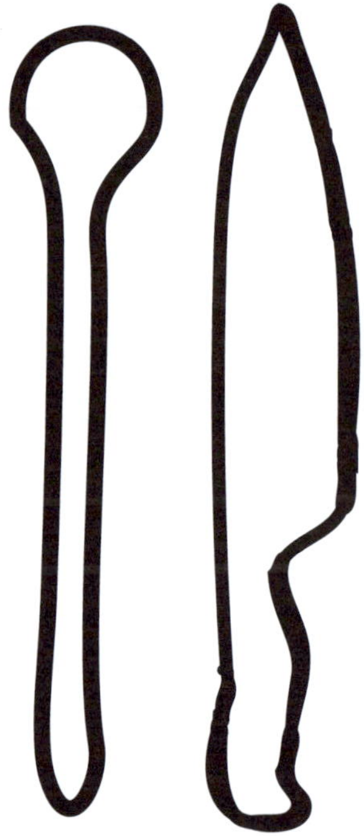

Ainda que você, merendeira, não seja responsável pelo planejamento dos cardápios, pode acontecer de precisar tomar algumas decisões sozinha em relação ao menu do dia.

Imagine se o fornecedor não entregar um produto na data correta, e se as quantidades previstas não forem suficientes para o número de refeições, por exemplo. O que você vai fazer?

Ter noções básicas sobre nutrição é muito útil tanto na hora de planejar um cardápio quanto na hora de tomar decisões na cozinha.

Você sabe que uma alimentação equilibrada traz benefícios ao desenvolvimento e crescimento de crianças e adolescentes. Na vida adulta, é fundamental para manter o equilíbrio do organismo. Além disso, a boa alimentação evita doenças causadas por falta de nutrientes, como desnutrição, má formação de ossos e dentes, cegueira e doenças de pele; e também doenças por excesso de consumo de calorias, como obesidade e diabetes.

Neste capítulo, você vai aprender um pouco sobre nutrição e ter noções de planejamento de cardápios. Refeições nutritivas e apetitosas dependem desses dois requisitos.

Nutrição

Sempre ouvimos dizer que para ter uma alimentação saudável é preciso comer de tudo um pouco. Isso é verdade. Não existe um alimento que possua todos os nutrientes necessários para o organismo funcionar bem, por isso os cardápios precisam ser planejados de modo que contenham alimentos de todos os grupos.

Para ajudar você a entender isso, dividimos os alimentos em três grupos:

→ *Proteínas*
→ *Carboidratos*
→ *Gorduras*

As vitaminas e os sais minerais não formam um grupo; são micronutrientes distribuídos pelos três grupos citados anteriormente. Esses micronutrientes devem ser consumidos em pequena quantidade, e ainda assim são muito importantes para o funcionamento do organismo. A deficiência em vitaminas e minerais pode causar anemia, raquitismo, problemas na visão, entre outros.

É importante saber que cada grupo de alimentos tem uma função no organismo. As proteínas fazem parte do grupo dos alimentos construtores. São responsáveis pela construção e reconstrução do organismo, formando ossos, músculos, pele, unhas e cabelos.

Os carboidratos e as gorduras formam o grupo dos alimentos funcionais, fornecendo basicamente energia ao corpo.

As vitaminas e os sais minerais regulam e controlam o funcionamento do organismo.

Merendeira, você quer ampliar seus conhecimentos?

Se você quiser saber um pouco mais sobre nutrição, recomendamos a leitura do livro *Alimentação e nutrição: cozinha saudável, cardápio equilibrado, alimentos seguros,* editado pelo Senac. Ele mostra o papel da nutrição na vida de crianças e adolescentes e na manutenção da saúde na vida adulta. Ensina a montar cardápios saudáveis, explica as funções dos nutrientes e fala sobre a importância da higiene e dos controles de qualidade no processo de produção.

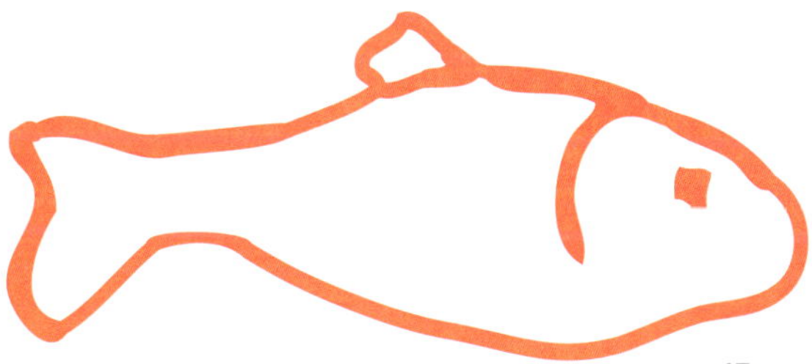

Guia para uma alimentação saudável

A pirâmide alimentar foi criada para ajudar as pessoas a identificar os alimentos ideais e as porções consideradas necessárias por dia para uma alimentação saudável.

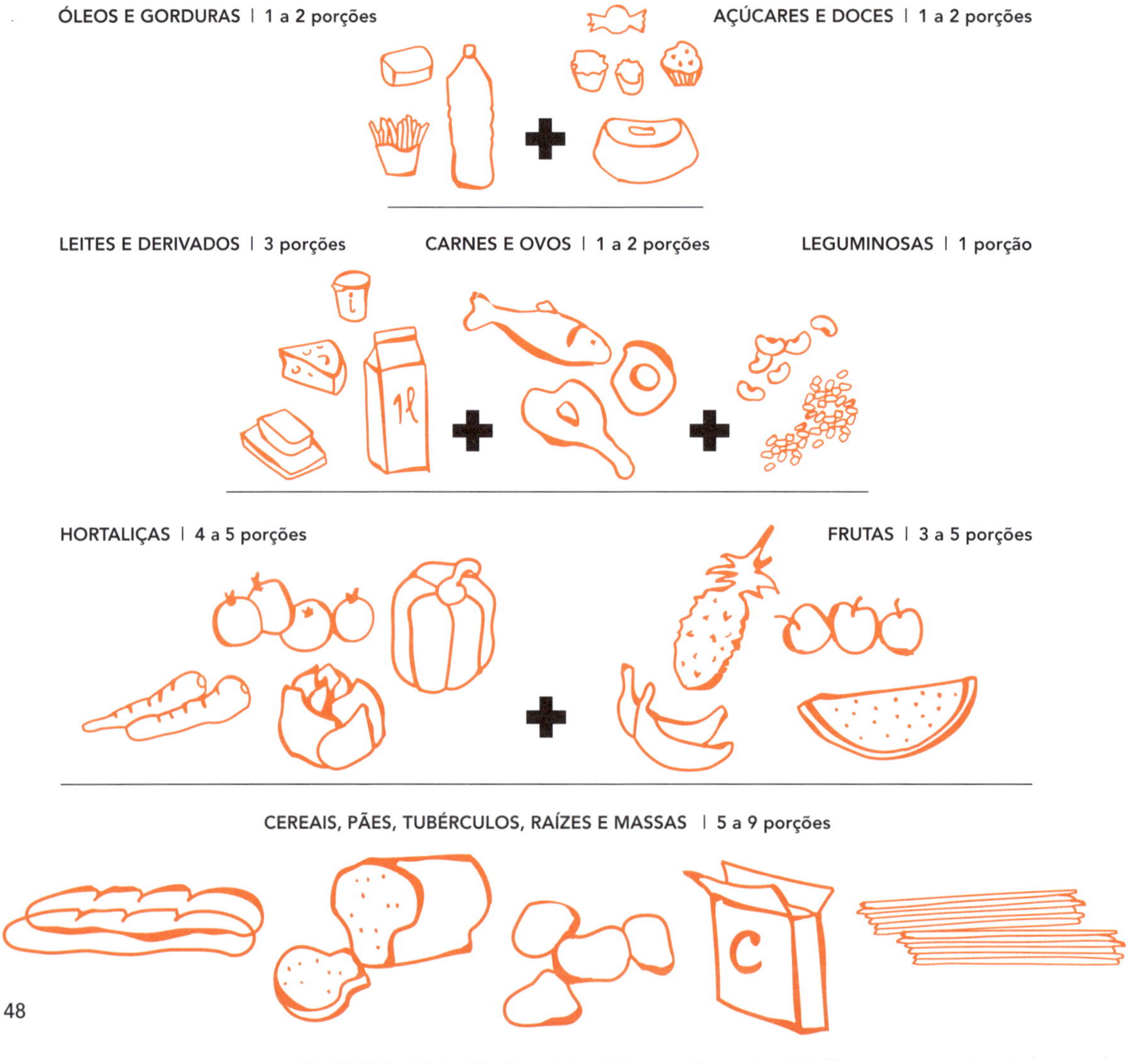

Na base da pirâmide está a principal fonte de energia, que são os carboidratos: arroz, batatas, farinhas, pães, biscoitos e massas em geral. Em todas as refeições, deve-se comer pelo menos uma porção desse grupo, o que resulta em cinco a nove porções por dia.

No segundo nível, encontramos as frutas, os legumes e as verduras que fornecem vitaminas, sais minerais e os nutrientes necessários para o bom funcionamento do organismo. Recomenda-se comer pelo menos três porções de cada grupo diariamente.

No terceiro nível, o leite e seus derivados (como queijo, requeijão ou iogurte) são responsáveis pela obtenção do cálcio que fortalece os ossos e os dentes. Devem ser consumidas três porções desse grupo por dia.

Carnes e ovos fornecem proteínas, sais minerais (principalmente o ferro) e vitaminas (principalmente a B12). A quantidade recomendada para este grupo é de uma a duas porções ao dia.

Já das leguminosas (feijões, favas, lentilhas, soja, ervilhas, grão-de-bico) deve-se comer uma porção ao dia. Elas fornecem a proteína de origem vegetal, gorduras insaturadas e vitaminas e minerais antioxidantes (estes combatem o envelhecimento).

No topo da pirâmide estão os grupos dos açúcares e gorduras que devem ser consumidos com moderação, para evitar principalmente obesidade e diabetes. Deve-se comer, no máximo, uma pequena porção de açúcar por dia.

As gorduras, fonte de energia e veículos de vitaminas e antioxidantes, também devem ser consumidas com moderação. Os representantes desse grupo são os óleos (soja, girassol, milho etc.) azeites, manteigas, banha, bacon, entre outros.

Merendeira, a pirâmide alimentar ajudará você a entender a composição dos cardápios, caso seja necessário fazer alguma alteração neles no decorrer da semana.

Acompanhe as explicações dos próximos assuntos, pois vão esclarecer suas dúvidas de como montar cardápios.

Noções de planejamento de cardápio

Na hora de planejar um cardápio, a nutricionista pensa sempre em um prato bem colorido. Ela também varia ao máximo as receitas feitas durante a semana e no mês. Dessa forma, todos estarão consumindo um pouco de cada nutriente (carboidratos, gorduras, proteínas, vitaminas e sais minerais) e fazendo uma refeição equilibrada.

O planejamento de um cardápio exige, em primeiro lugar, a seleção dos alimentos, depois a combinação dos ingredientes e atenção à montagem da refeição. Mas também é necessário ter sensibilidade para respeitar os hábitos alimentares regionais e individuais.

Vejamos estes assuntos agora.

A seleção dos alimentos

Se você estiver presente no momento da compra dos alimentos ou se for responsável pelo recebimento deles, procure garantir a qualidade. Para isso, preste atenção na aparência, odor, embalagem e validade dos produtos.

Seguem aqui algumas orientações:

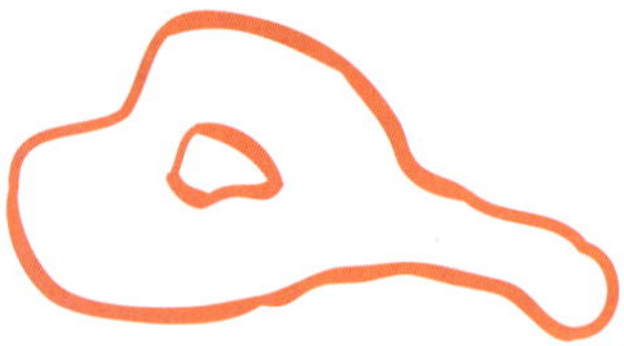

CARNES E AVES

> De início, veja se não há gelo junto da embalagem, isso indica que a carne já foi congelada e descongelada mais de uma vez.

> Observe também se a carne não está com a coloração e o odor alterados. O aspecto de queimado, a coloração esverdeada ou escura demais, a textura amolecida e o cheiro forte não são sinais de carne fresca.

> Carnes embaladas a vácuo recuperam a cor minutos depois de serem abertas, mas preste atenção no prazo de validade.

PEIXES

> Note se o pescado está sobre o gelo, e não embaixo dele.

> Peixe fresco tem carne firme e presa à espinha, olhos brilhantes, guelras rosadas ou vermelhas e úmidas. As escamadas devem ser brilhantes e estar bem presas à pele do peixe.

> Se o peixe estiver congelado, preste atenção no prazo de validade.

FRUTAS, VERDURAS E LEGUMES

> Prefira produtos da estação (na safra), pois têm mais qualidade, mais frescor, menos agrotóxicos, além de serem mais baratos.

> Para escolher os alimentos que estão na safra, consulte as tabelas de safras dos alimentos a seguir.

LEGENDA entressafra · início de safra · safra · fim de safra

Frutas

	JAN	FEV	MAR	ABR	MAI	JUN	JUL	AGO	SET	OUT	NOV	DEZ
Abacate	início de safra	safra	safra	safra	safra	safra	safra	fim de safra	fim de safra	entressafra	entressafra	entressafra
Abacaxi pérola	entressafra	entressafra	entressafra	entressafra	início de safra	safra	safra	safra	safra	safra	safra	fim de safra
Bananas	entressafra	entressafra	início de safra	safra	safra	safra	safra	safra	safra	safra	fim de safra	entressafra
Caju	início de safra	safra	fim de safra	entressafra	início de safra	safra	safra	safra	safra	safra	fim de safra	entressafra
Figo	safra	safra	safra	safra	fim de safra	entressafra	entressafra	entressafra	entressafra	entressafra	início de safra	início de safra
Goiaba	safra	safra	safra	fim de safra	entressafra	entressafra	entressafra	entressafra	início de safra	início de safra	safra	safra
Jabuticaba	entressafra	entressafra	entressafra	entressafra	entressafra	entressafra	entressafra	início de safra	safra	safra	fim de safra	entressafra
Laranja	fim de safra	entressafra	entressafra	início de safra	safra	safra	safra	safra	safra	safra	safra	fim de safra
Limão	início de safra	safra	safra	safra	safra	safra	safra	fim de safra	fim de safra	entressafra	entressafra	entressafra
Mamão	entressafra	entressafra	início de safra	safra	safra	safra	fim de safra	fim de safra	início de safra	safra	safra	fim de safra
Manga	safra	fim de safra	entressafra	entressafra	entressafra	entressafra	entressafra	entressafra	início de safra	safra	safra	safra
Maracujá azedo	safra	safra	safra	fim de safra	fim de safra	entressafra	entressafra	entressafra	entressafra	entressafra	início de safra	safra
Melancia	safra	fim de safra	fim de safra	entressafra	entressafra	entressafra	entressafra	início de safra	início de safra	safra	safra	safra
Melão	início de safra	início de safra	safra	safra	safra	safra	safra	safra	safra	safra	fim de safra	fim de safra
Morango	entressafra	entressafra	entressafra	entressafra	início de safra	safra	safra	safra	safra	fim de safra	entressafra	entressafra
Tangerina murcot	entressafra	entressafra	entressafra	entressafra	entressafra	início de safra	safra	safra	safra	fim de safra	entressafra	entressafra
Tangerina poncã	entressafra	entressafra	entressafra	safra	safra	safra	safra	fim de safra	entressafra	entressafra	entressafra	entressafra
Uvas	safra	safra	safra	safra	fim de safra	fim de safra	entressafra	entressafra	entressafra	entressafra	entressafra	início de safra

Verduras

JAN
FEV
MAR
ABR
MAI
JUN
JUL
AGO
SET
OUT
NOV
DEZ
Acelga
Agrião
Alface
Alho-poró
Almeirão
Brócolis
Catalonha
Cebolinha
Chicória
Coentro
Couve
Couve-flor
Erva-doce
Escarola
Espinafre
Louro
Mostarda
Nabo
Rabanete
Repolho
Rúcula
Salsa
Salsão

Legumes

JAN
FEV
MAR
ABR
MAI
JUN
JUL
AGO
SET
OUT
NOV
DEZ
Abóbora
Abobrinha
Batata-doce
Berinjela
Beterraba
Cará
Cenoura
Chuchu
Inhame
Jiló
Mandioca
Mandioquinha
Maxixe
Pepino
Pimentão
Quiabo
Tomate
Vagem

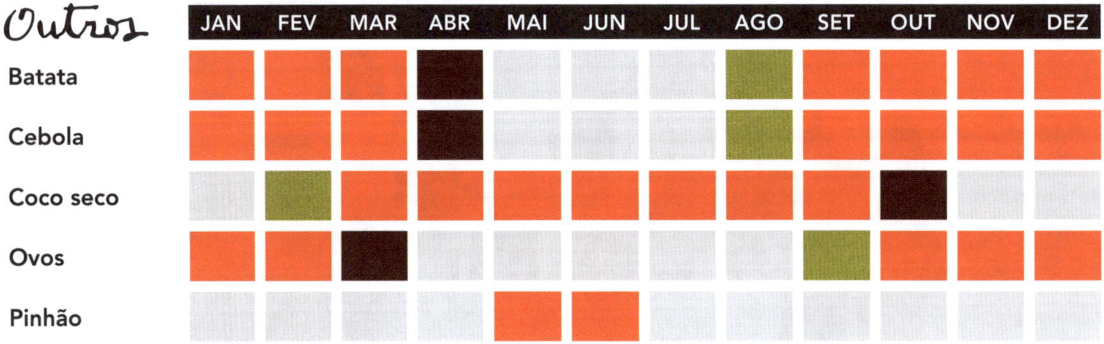

A combinação de ingredientes

Produtos de qualidade se transformam em um belo prato se forem bem preparados: o importante é aprender a tirar o melhor proveito dos alimentos disponíveis.

Merendeira, lembre-se sempre que uma boa refeição é composta de proteínas, carboidratos, gorduras, vitaminas e minerais.

As proporções dos grupos de alimentos a serem consumidos por dia já foram explicadas no item "Guia para uma alimentação saudável", nas páginas 48 e 49. Portanto, cabe a você procurar dar conta de algumas porções na refeição que está oferecendo ao seu comensal.

Variar a forma de preparo dos pratos servidos na escola é uma maneira de criar a agradável sensação da surpresa, em vez da repetição da mesma receita todas as semanas. Mas como inovar na cozinha?

Sabemos que o cardápio deve ser montado de acordo com a safra dos alimentos, principalmente os legumes, as verduras e as frutas. Respeitar as safras melhora a qualidade, o sabor e reduz o custo da alimentação. Os legumes e as verduras são excelentes componentes para um prato atrativo, já que com eles você poderá variar diariamente as cores e as texturas do prato.

Levando em consideração que na maioria das vezes a base da refeição é o famoso "arroz com feijão" (apesar de alguns estados brasileiros como o Rio Grande do Norte e Goiás servirem soja nas escolas), alternar o tipo de arroz e o tipo de feijão também é uma opção para as crianças não se cansarem da comida.

Feijão-mulatinho, branco, vermelho, fradinho, soja e fava, além de serem ricos em ferro, têm sabores diferentes. Portanto, oferecem boa oportunidade para as crianças ampliarem o paladar. O arroz branco também pode ser eventualmente substituído pelo arroz integral ou ser incrementado com legumes picados, ovos, ervilhas, entre outros.

Para o cardápio ter boa aceitação, convém observar a idade dos alunos. Da educação infantil ao ensino médio há uma grande variação etária que abrange crianças bem pequenas (a partir dos cinco anos) até adolescentes, o que significa uma grande diferença de paladar e aceitação dos alimentos. Se sua escola atender a todas as séries, isso deverá ser considerado no momento da elaboração dos cardápios.

Crianças pequenas preferem alimentos mais fáceis de mastigar. São essas crianças que estão começando a ser educadas em relação à alimentação. Já as crianças maiores e os adolescentes podem ser estimulados a experimentar novos sabores e novos modos de preparo de alimentos conhecidos.

Como a educação do paladar se forma na infância, se a criança tiver uma experiência desagradável ao experimentar um alimento ou condimento, ela bloqueará este paladar negando-o por muito tempo.

Portanto, é sua responsabilidade, merendeira, esforçar-se para preparar comidas saborosas!

Que tal respeitar hábitos alimentares?

Pense nas diferenças de clima e de hábitos alimentares entre as regiões do Brasil. No Sul e Sudeste, por exemplo, com o frio do inverno, as canjicas, sopas, achocolatados e mingaus servidos quentes ou mornos são revigorantes, enquanto nos climas mais quentes das regiões Nordeste e Norte essas preparações não são nada atraentes.

O consumo da carne suína é maior no Sul, enquanto no Norte e Nordeste é mais comum o charque e a farinha, por exemplo. Por causa dessas diferenças, não se recomenda um cardápio único para todo o Brasil.

Os hábitos alimentares precisam ser respeitados no planejamento dos cardápios. Esteja atenta a isso!

É importante repetir que ter uma alimentação saudável significa variar os alimentos e, consequentemente, os nutrientes. Alimento é tudo o que comemos, líquido ou sólido, para satisfazer as nossas necessidades nutricionais diárias.

A composição de um cardápio ideal pode ser pensada com base nas porções de cada grupo de alimentos indicados pela pirâmide alimentar, na página 48, e na utilização de ingredientes básicos, ingredientes sazonais (sujeitos à safra) e locais (específicos de cada região do país). Veja as tabelas de safras nas páginas 51-54 deste livro. Você pode usá-la como guia de opções de produtos se precisar montar um cardápio.

Como montar as refeições do dia

Cada refeição deve ser montada de acordo com o horário e a faixa etária dos comensais. Sem falar das condições das instalações da cozinha e os equipamentos e utensílios disponíveis para a execução dos pratos. Apesar de todas essas variantes, vamos apresentar aqui um esquema funcional que pode ser muito útil como guia para montar cardápios.

O esquema funcional mostra a composição ideal das refeições, mas é claro que você, merendeira, vai ter de se adaptar à realidade de sua escola. Mas não há dúvidas de que as sugestões de alimentos por grupo alimentar e os exemplos de cardápios vão ajudar muito a compreender as regras desse jogo.

Vale lembrar que as tabelas de safras de alimentos são também muito valiosas por apresentarem mais opções de alimentos do que as que indicamos a seguir, como exemplo.

Merendeira, lembre-se!

O colorido do prato garante uma refeição saudável e atraente. Monte pratos com alimentos de cores variadas e, se for possível, alterne também as texturas das preparações culinárias.

Assim, você garante a presença de todos os nutrientes na refeição e ainda agrada aos olhos e ao paladar de todos!

ESQUEMA FUNCIONAL

CAFÉ DA MANHÃ E LANCHE DA TARDE

Uma porção de carboidratos *(pães ou biscoitos)*
Duas porções de leite e derivados *(iogurte ou manteiga)*
Uma porção de frutas *(fruta no estado natural ou suco)*
Uma porção de proteína *(frios ou patês)*

LANCHE DA MANHÃ (ANTES DO ALMOÇO) E CEIA (DEPOIS DO JANTAR)

Uma porção de fruta ou uma porção de leite e derivados

ALMOÇO E JANTAR

Uma porção de carboidratos *(arroz, batata ou macarrão)*
Uma porção de leguminosas ou grãos *(feijão, fava ou soja)*
Uma porção de proteína *(carne bovina, suína, de ave, peixe ou ovo)*
Duas porções de hortaliças diferentes *(legumes e verduras)*

SUGESTÃO DE QUANTIDADE DE ALIMENTO POR GRUPO ALIMENTAR

GRUPOS DE ALIMENTOS	PORÇÃO DO ALIMENTO PRONTO PARA CONSUMIR
Pães, cereais, arroz, tubérculos e massas	2 fatias de pão de fôrma 1 pão do tipo francês ou similar 4 biscoitos sem recheio ½ xícara de cereal matinal 1 pedaço médio de bolo sem recheio (80 g) ½ xícara de arroz, macarrão, batata ou aipim cozidos
Leguminosas	½ xícara de feijão, soja ou milho (sem o caldo)
Hortaliças (legumes e verduras)	1 xícara de folhas cruas ½ xícara de hortaliças cozidas ou picadas cruas
Frutas e sucos	1 unidade média (laranja, tangerina, banana, maçã etc.) 1 fatia média de 100 a 150 g (mamão, melancia, melão etc.) ½ xícara de fruta picada 1 copo de suco (200 ml)
Leite e derivados	1 xícara de leite ou iogurte 2 fatias finas de queijo
Carnes e ovos	1 bife ou 3 colheres de carne moída ou picada 1 pedaço de frango ou peixe (200 g) 1 ovo
Gorduras e açúcares	Usar com moderação no preparo das receitas.

EXEMPLOS DE CARDÁPIOS

Apresentamos alguns exemplos de cardápios que podem atender a todas as faixas etárias. São opções para café da manhã, almoço ou jantar e lanche da tarde. Veja que as quatro variações para o cardápio semanal podem ser alternadas compondo um cardápio mensal.

Como o lanche da manhã e a ceia são refeições simples, compostas apenas por uma porção de fruta ou uma porção de leite e derivados, elas podem ser resolvidas de acordo com a realidade da escola, ou seja, de acordo com as frutas disponíveis no dia e o estoque de leite e derivados. *Merendeira, lembre-se de que a atribuição do planejamento de cardápios é da nutricionista, mas você deve ter esse conhecimento para colaborar com a equipe de trabalho quando for necessário.*

A	CAFÉ DA MANHÃ	ALMOÇO OU JANTAR	LANCHE DA TARDE
Segunda	Biscoito salgado integral Achocolatado	Arroz de carreteiro Feijão / Salada de cenoura, repolho e chuchu / Fruta	Pão fatiado integral Patê de frango Suco
Terça	Bolo Café com leite	Sobrecoxa de frango assada com batata-doce Arroz / Feijão / Salada Fruta	Fruta
Quarta	Mingau de amido de milho Ou banana batida com leite	Bife de coxão mole Macarrão / Salada de beterraba e cenoura raladas Fruta	Fruta com farinha láctea
Quinta	Pão Doce de banana Achocolatado	Peito de frango / Arroz Feijão / Salada de pepino e tomate / Fruta	Fruta Aveia
Sexta	Pão com queijo Café com leite	Filé de peixe frito Arroz / Feijão / Batata Salada / Fruta	Fruta com leite

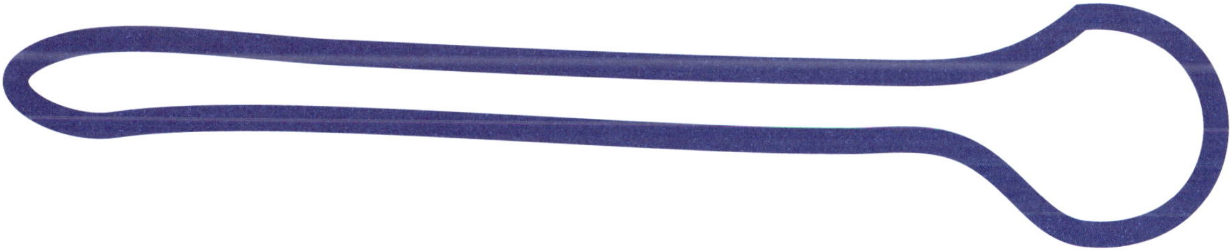

B	CAFÉ DA MANHÃ	ALMOÇO OU JANTAR	LANCHE DA TARDE
Segunda	Biscoito integral Achocolatado	Carne moída ensopadinha com milho e ervilha Arroz / Feijão / Farofa Salada / Doce de coco	Pão Patê de atum Café com leite
Terça	Bolo Suco	Carne de porco com aipim Arroz / Feijão Salada de cenoura e repolho Fruta	Fruta
Quarta	Pão fatiado integral Doce (uva ou morango) Achocolatado	Almôndega com molho de tomate / Arroz / Feijão Salada de batata com maionese / Fruta	Fruta batida com farinha láctea
Quinta	Pão doce Café com leite	Risoto de frango / Salada de grãos / Fruta	Banana batida com leite Biscoito doce
Sexta	Cereal matinal e leite	Bolinho de peixe / Arroz Feijão / Salada / Fruta	Salada de frutas

C

	CAFÉ DA MANHÃ	ALMOÇO OU JANTAR	LANCHE DA TARDE
Segunda	Bolacha salgada Achocolatado / Fruta	Ovos mexidos / Arroz Feijão / Salada / Fruta	Mingau de amido de milho ou Cereal matinal Fruta
Terça	Bolo Suco	Peito de frango / Polenta Feijão / Salada / Fruta	Salada de fruta Farinha láctea Aveia
Quarta	Pão integral com doce de banana	Filé de Peixe / Espinafre Arroz / Feijão / Salada Fruta	Torta salgada de frango Fruta
Quinta	Cereal matinal café com leite	Sobrecoxa de frango Arroz com vagem / Feijão Salada / Fruta	Pão / Patê de atum Suco
Sexta	Pão fatiado com queijo Café com leite	Carne moída com chuchu e cenoura / Macarrão Salada verde e tomate Fruta	Bolacha Maria integral Achocolatado Fruta

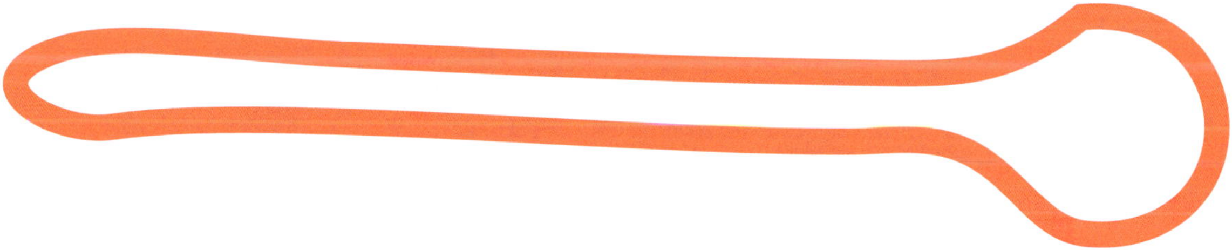

D

	CAFÉ DA MANHÃ	ALMOÇO OU JANTAR	LANCHE DA TARDE
Segunda	Cereal matinal Leite	Peito de frango Purê de batata Feijão / Salada / Fruta	Bolacha salgada integral Achocolatado / Fruta
Terça	Salada de frutas Farinha láctea	Bife acebolado Arroz / Feijão Salada / Fruta	Bolo Vitamina de frutas
Quarta	Torta salgada de frango Fruta	Lombo suíno / Aipim Arroz / Feijão Salada / Fruta	Pão bisnaga integral Doce (uva ou morango) Café com leite / Fruta
Quinta	Bolacha doce Achocolatado Fruta	Sobrecoxa de frango Macarrão parafuso Salada / Fruta	Pão fatiado integral Doce de banana Suco
Sexta	Pão com patê de frango Suco	Ovos / Arroz Feijão / Salada / Fruta	Torta salgada de legumes Fruta

O PREPARO DAS **REFEIÇÕES**

CAPÍTULO 4

O preparo das **refeições**

Neste capítulo, explicaremos as técnicas de preparo dos alimentos. Abordaremos todas as etapas: pré-preparo (que envolve a limpeza e o modo correto de cortar os alimentos), congelamento, descongelamento, técnicas de preparo (como refogar, assar, cozinhar, fritar e grelhar), pesos e medidas. Para facilitar a compreensão, dividiremos os alimentos em grupos:

carnes (suína e bovina) carne-seca e/ou carne de sol aves peixes legumes verduras frutas produtos industrializados

Serviço de Inspeção Federal, fique atenta!

O carimbo do SIF deve estar presente em carnes, peixes, nas embalagens de leite e ovos, e em outros produtos de origem animal que são comercializados no Brasil e em mais de 180 países. Esse carimbo é a garantia da qualidade e da procedência do alimento e atesta que foi inspecionado pelo Ministério da Agricultura, Pecuária e Abastecimento.

Logo mais, no capítulo 5, você encontrará um caderno de receitas para colocar tudo isso em prática!

Pré-preparo dos alimentos

O pré-preparo consiste em deixar os alimentos prontos tanto para o armazenamento quanto para a sua preparação. Isto significa limpá-los, cortá-los e submetê-los a processos específicos (por exemplo, congelamento).

Na limpeza da carne, tanto bovina quanto suína, retira-se o excesso de gordura, pele, nervos e tendões e os ossos.

Recomenda-se não alterar o corte da carne durante a limpeza.

1. Lave a carne, se necessário.

2. Retire o excesso de gordura, pele, nervos e tendões com uma faca, mas veja se a receita pede carne com um pouco de gordura.

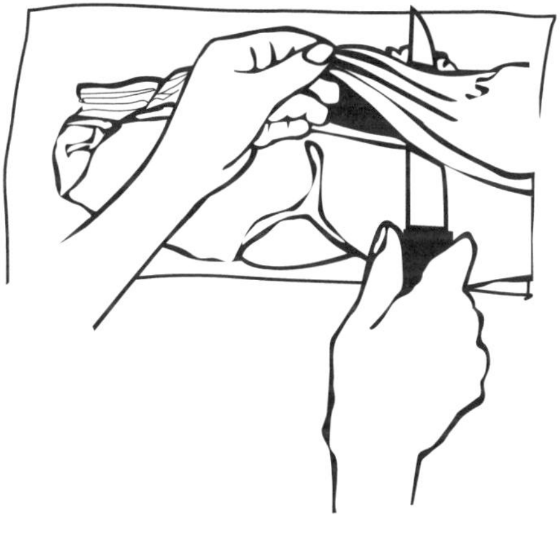

3. Quanto aos ossos, introduza a faca entre os músculos e desprenda a carne ao redor deles. Retire os ossos com a ajuda da ponta da faca. No caso da costela, limpe a ponta do osso sem retirá-lo.

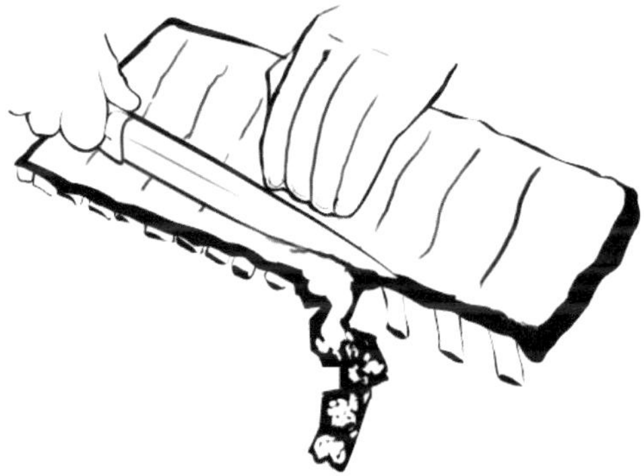

Carne bovina

As carnes mais comuns no cardápio da merenda são o *patinho*, o *coxão duro* e o *lagarto redondo*. Essas carnes são oferecidas aos alunos como *bifes, picadinhas, moídas* ou *assadas na panela*. Ao receber a carne, limpe-a (retirando com a faca a gordura e os nervos) e separe os cortes indicados na receita. Use imediatamente ou embale em porções e congele, conforme as orientações vistas nas páginas 79 e 80.

EXEMPLOS DE CORTES E SEUS USOS

Lagarto (lagarto redondo, tatu): refogado e cozido na panela; fatiado ou desfiado.
Coxão duro (lagarto plano, chã de fora): refogado e cozido na panela ou moído.
Coxão mole (chã ou chã de dentro): bifes ensopados.
Patinho: ensopado, moído ou em bifes de panela.
Acém (agulha): ensopado, moído ou em bifes de panela.
Aba de filé (fraldinha ou vazio): ensopado, picadinho e moído.
Músculo: ensopados e no preparo de sopas.

Carne suína

Macia, com sabor agradável, *rica em ferro* e com *baixo teor de colesterol*, a carne suína tem ainda *menos taxa de gordura intramuscular* que a carne bovina. Não custa lembrar que a carne suína deve ser servida bem-passada para evitar contaminação alimentar.

EXEMPLOS DE CORTES E SEUS USOS

Acém: refogado ou ensopado.
Lombo: assado ou em bife.
Carré e pernil: assado ou grelhado.
Toucinho: costuma ser defumado.
Costela: frita, grelhada ou assada.

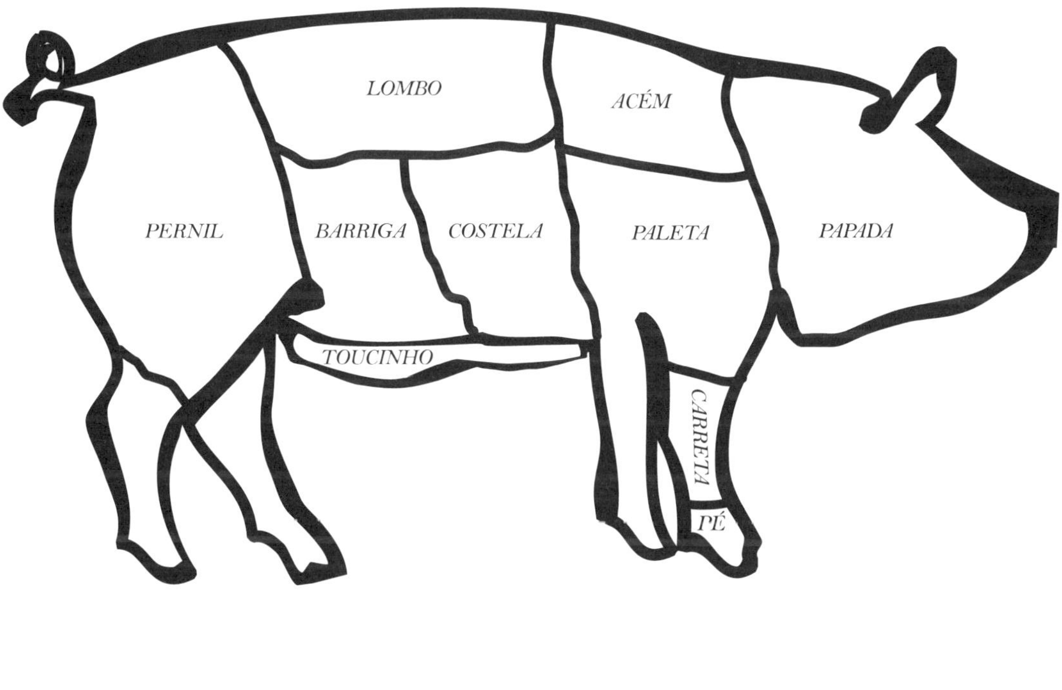

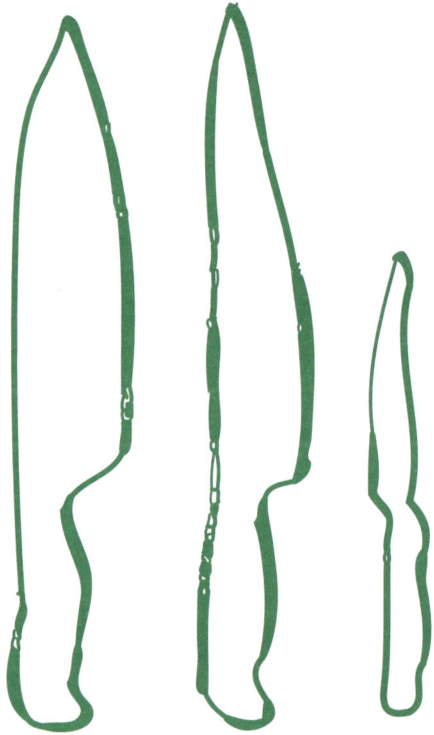

Carne-seca e carne de sol

Na região Sul do Brasil, a carne-seca é feita em cubos fritos ou ensopados e servida com arroz de carreteiro. *No Sudeste*, é desfiada, servida com purê de abóbora, caldo de feijão e banana frita. *No Norte*, é ensopadinha ou amassada no pilão com farinha (paçoca). Ainda é comum a carne de sol ser servida em cubos fritos e acebolados com aipim frito, ou pirão de farinha de mandioca. *Na região Sul*, costuma ser assada no forno em grandes pedaços como picanhas e alcatras, servida com pirão de farinha de mandioca escaldada e batatas assadas.

PRÉ-PREPARO

A carne-seca (charque ou jabá) deve ser dessalgada submersa em água, na geladeira. Corte a carne em cubos depois de dessalgada, afervente-a até ficar macia. Depois desse processo, a carne pode ser cortada ou desfiada de acordo com a receita. A carne de sol, assim que recebida, deve ser lavada e submersa no leite (de 3 a 12 horas).

Aves

As aves mais comuns utilizadas na merenda escolar são *frango* ou *galinha*. No entanto, nada impede que sejam incluídos *peru, pato, marreco, frango de leite (galeto de até 3 meses)* etc. Sempre verifique se a carne está com sua coloração alterada ou queimada pelo gelo (em qualquer desses casos não a utilize) e, não custa lembrar, se o produto tem o *carimbo da inspeção sanitária*.

PRÉ-PREPARO

Hoje em dia é muito comum comprar pedaços da ave já cortados: *peito, coxa* e *sobrecoxa*, com ou sem os ossos. Se não for usá-los no mesmo dia, separe os pedaços em porções e congele conforme explicado na página 80. Se receber a ave inteira, lave-a bem (somente depois de descongelada e no momento de prepará-la). Só utilize limão se a receita recomendar, pois o limão cozinha a carne crua. *Corte a ave em pedaços conforme mostrado a seguir.* Use uma faca ou uma tesoura para cortar nas articulações das partes do frango: asa, coxa, sobrecoxa e peito.

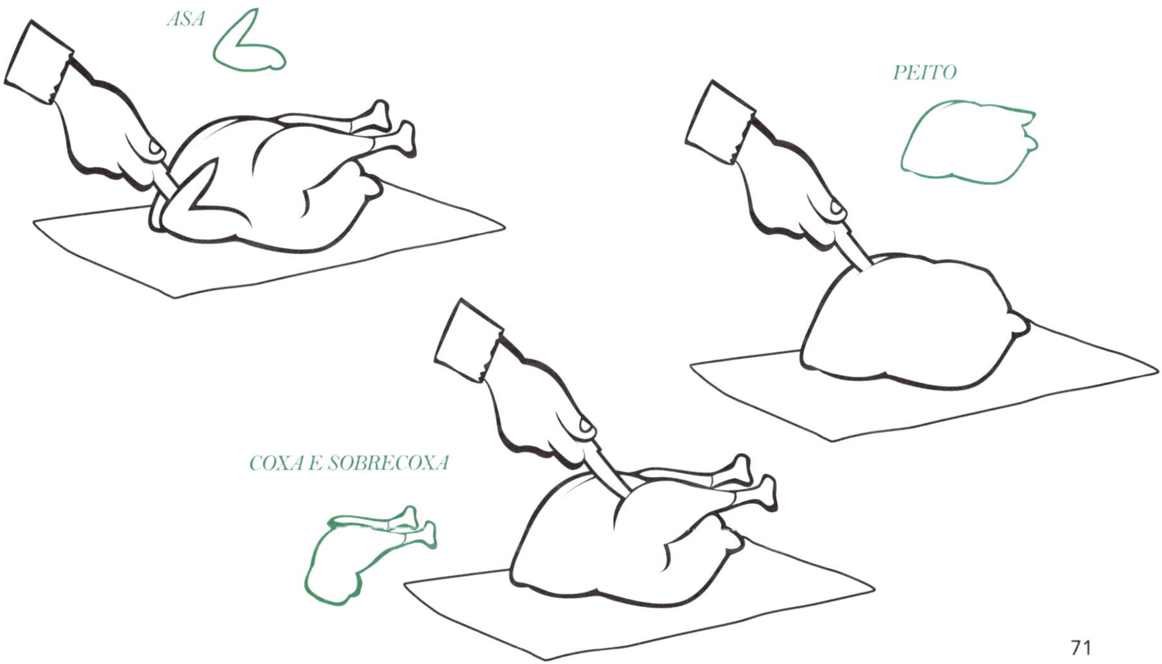

Peixes

O uso de peixes é assunto muito sério para a merenda escolar. Entre os peixes mais consumidos, o *filé de cação*, o *filé de merluza* e a *tilápia* já congelada preenchem os requisitos exigidos pela Vigilância Sanitária. Pensando na educação alimentar das crianças, uma dica é deixar a cota semanal de fritura para os filés de peixe. Boa ideia, não é? *Evitar fritura faz bem à saúde.*

PRÉ-PREPARO

O peixe pode ser preparado inteiro, em filés ou em postas. O filé de peixe é o corte ideal, pois oferece maior facilidade para retirar as espinhas durante o pré-preparo. Esta medida previne acidentes, já que as crianças podem se engasgar seriamente com as espinhas.

Se receber o peixe fresco, a primeira coisa a fazer é limpá-lo.

1. Coloque o peixe sobre a tábua de polipropileno, segure-o firmemente pelo rabo e escame-o. Para raspar as escamas do peixe, utilize um escamador ou o lado cego de uma faca. Raspe as escamas a partir do rabo em direção à cabeça. Se estiver usando o lado cego de uma faca, segure-a em ângulo reto.

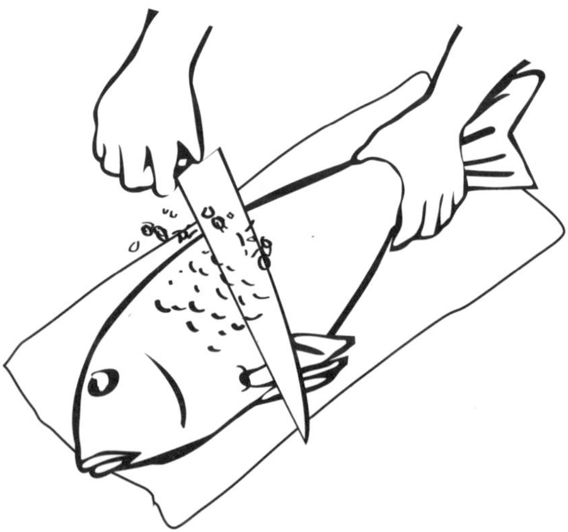

2. Em seguida, lave muito bem o peixe em água corrente e fria.

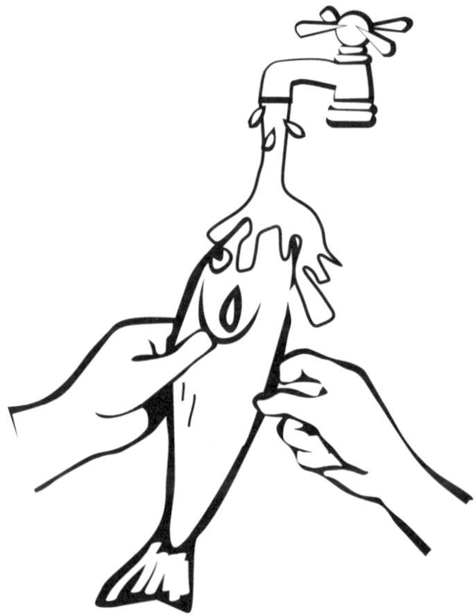

3. Corte as barbatanas e a cabeça na altura das aberturas das guelras.

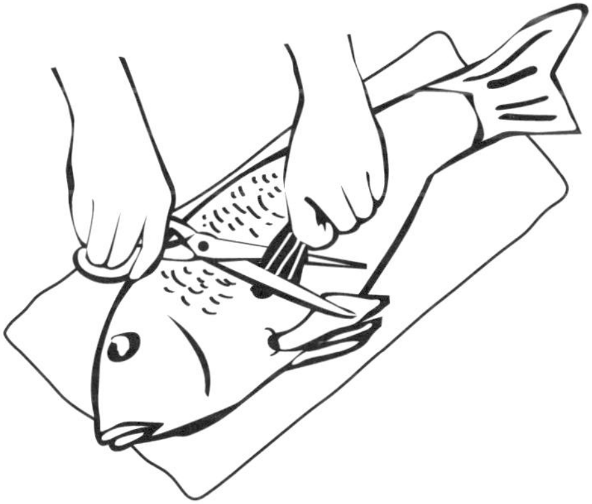

4. Com uma faca afiada, corte a barriga do peixe até a cabeça e retire as tripas, as ovas (se houver).

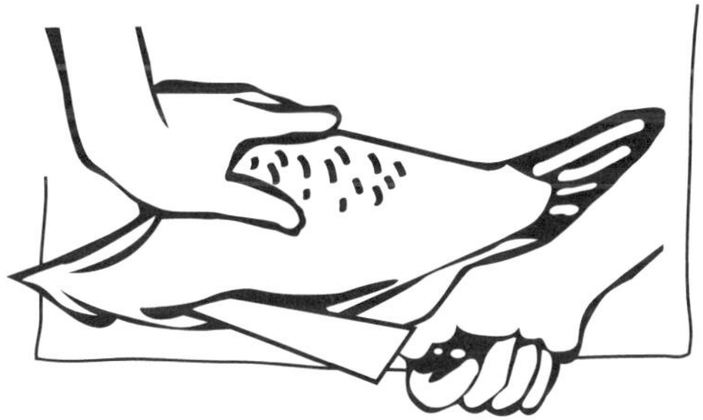

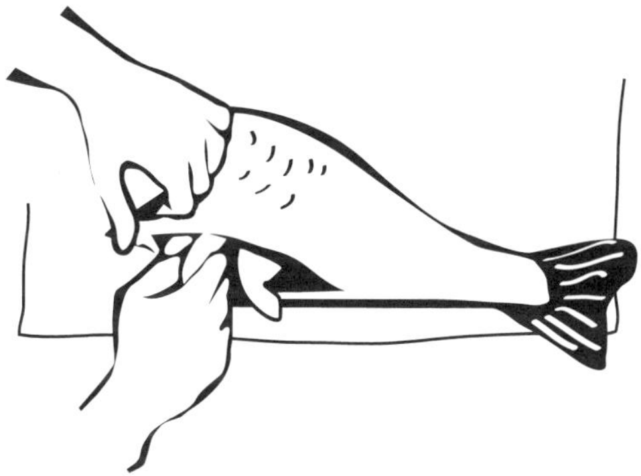

5. Lave novamente o peixe em água corrente e fria até que esteja totalmente limpo, interna e externamente.

6. A cabeça pode ser reservada para a preparação do pirão, e as espinhas podem ser usadas para fazer um caldo básico de peixe. Este caldo pode ser utilizado na preparação do arroz junto com a carne da cabeça cozida e desfiada.

Legumes

Além de extremamente nutritivos, os legumes possuem formas, sabores variados e cores que tornam os pratos mais... alegres, digamos assim! Podem ser consumidos crus em saladas, simplesmente cozidos na água e sal ou refogados. São exemplos de legumes: *abóbora, abobrinha, aipim, alho, batatas, berinjela, beterraba, chuchu, couve-flor, cenoura, espiga de milho-verde, inhame, jiló, limão, maxixe, pepino, pimentão, quiabo, rabanete, repolho, tomate e vagem.* Consulte as tabelas de safras no capítulo 3 para ampliar esta lista.

PRÉ-PREPARO

Lave os legumes sob água corrente, esfregando com as mãos ou com uma esponja utilizada unicamente para esta finalidade. É importante retirar a terra e os possíveis resíduos de agrotóxicos dos legumes. Com as mãos ou com a ajuda de uma faca, separe as raízes das folhas *(nunca use lâmina de ferro para não oxidar as verduras)*. Corte e descasque-os somente depois de lavar.

Procure cortar os legumes do mesmo tamanho para que o tempo de cozimento seja igual. Dessa forma também se evita a perda de seus nutrientes (veja o boxe com os tipos de cortes de legumes). →

Os legumes liberam muitos nutrientes na água em que são cozidos. Este caldo pode ser aproveitado para o preparo de outros alimentos, por exemplo, carnes, aves e feijões.

É comum que os vegetais sejam entregues na escola pelo menos duas vezes por semana. Conserve na geladeira somente os mais sensíveis, como vagem, abobrinha, tomate, berinjela e as verduras. Já cebola, cenoura, alho, batata-inglesa e batata-doce podem ser conservados fora da geladeira.

Cortes tradicionais de legumes e verduras

Há diversos tipos de cortes que podem ajudar a diversificar a aparência das receitas e facilitar a aceitação dos legumes e das verduras entre os alunos.

Bastão Tiras de 6 cm de comprimento por 5 mm de largura

Juliana ou bastão fino Tiras de 4 cm a 5 cm de comprimento por 1,5 mm a 2 mm de largura. Utilizada em sopas, enfeites e saladas

Brunoise Cubos de 2 mm a 5 mm. Utilizado para decorar, rechear ou dar cor a um prato

Rodelas De 2 mm a 4 mm (finas), de 5 mm a 7 mm (médias), a partir de 1 cm (grossas)

Jardineira Cubos de 1 cm x 1 cm (pequena), 3 cm x 3 cm (grande). Utilizada para guarnições de legumes

Tiras ou Chiffonade Verdura finamente fatiada. Utilizada em sopas, refogados e enfeites

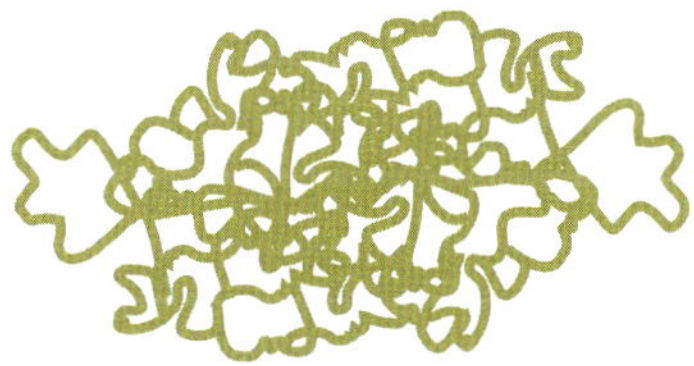

Juliana média ou fósforo Tiras de 4 cm a 5 cm de comprimento por 3 mm de largura

Transversal Legume roliço é cortado em sentido transverso

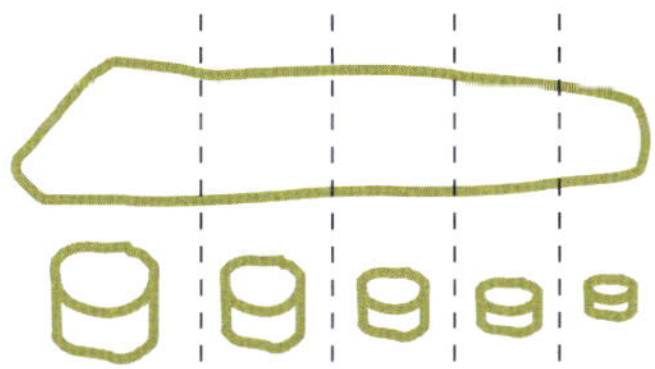

Verduras

Pouco calóricas e ricas em nutrientes, das verduras podemos comer as folhas *(agrião, alface, espinafre e couve)*, as hastes *(vagem)* e as flores *(brócolis e couve-flor)*. Temperos como ervas frescas *(manjericão e alecrim)* também são considerados verduras e devem ser limpos da mesma maneira.

Para conservar sua riqueza nutritiva e sabor, as verduras precisam estar frescas e ser preparadas de maneira correta. *O cozimento a vapor é o ideal porque preserva seus nutrientes.*

PRÉ-PREPARO

Comece separando as folhas e os talos que não estejam perfeitos e descarte-os. Lave cada parte a ser utilizada (haste ou flor) individualmente em água fria corrente, esfregando com os dedos para retirar toda a terra e possíveis larvas. As folhas precisam de cuidados de limpeza e desinfecção.

Veja o boxe a seguir.

Limpeza e desinfecção das folhas

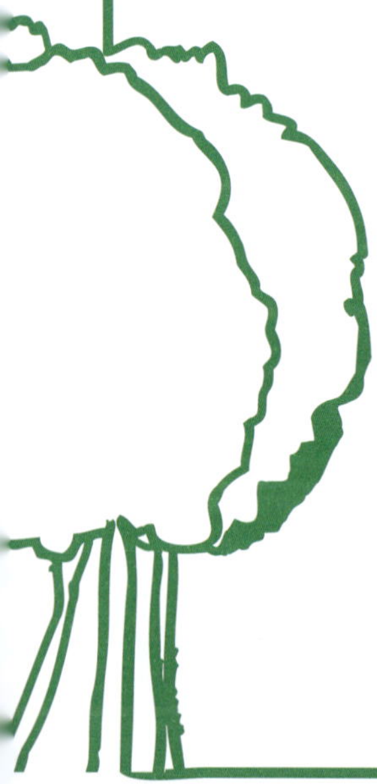

Para evitar contaminação, as folhas precisam de muitos cuidados. Como várias delas são consumidas cruas, a probabilidade de transmissão de doenças aumenta muito. As folhas contaminadas podem causar verminose, febre tifoide, cólera etc. Siga estas regras básicas de limpeza e desinfecção para manter a saúde dos alunos:

→ Lave as folhas individualmente sob água corrente.

→ Mergulhe as folhas em um recipiente com água fria suficiente para cobri-las. Acrescente um sanitizante próprio para alimentos e deixe as folhas de molho de 15 a 20 minutos. Existem produtos químicos próprios para a desinfecção de folhas. Veja o que será usado em sua escola e leia com atenção o rótulo do produto para verificar o modo de usá-lo e o tempo de imersão das folhas. Outras boas opções são suco de limão ou vinagre: 1 colher de sopa para cada litro de água.

→ Para terminar, transfira para uma centrífuga de vegetais e seque bem. Caso não tenha uma centrífuga, coloque as folhas em pé, uma ao lado da outra, em um recipiente. Naturalmente a água escorrerá para o fundo.

Frutas

As frutas podem ser consumidas ao natural *(in natura)* ou em forma de sucos e vitaminas, batidas com leite. Servir uma combinação de mais de uma fruta (como mamão, banana e laranja picados em uma salada de frutas ou harmonizados em um suco de frutas) é ótima opção para compor uma refeição colorida, refrescante e nutritiva.

PRÉ-PREPARO

As frutas que têm casca com textura aveludada (como figo, pêssego, nectarina e nêspera) devem ser lavadas somente no momento de serem comidas, pois a água penetra na fruta prejudicando a sua integridade.

Toda fruta servida ao natural, como *maçã, pera, caqui, tangerina, caju* etc., deve ser muito bem lavada em água corrente fria e esfregada com as mãos ou com uma esponja específica para essa finalidade.

Se a fruta for servida picada em uma salada de frutas, ou em fatias – no caso de frutas maiores, como *mamão, abacaxi, melão, abacate* etc. –, lave-a muito bem em água corrente fria, descasque-a, retire as sementes (se for o caso) com uma colher para evitar desperdício, elimine as partes machucadas antes de cortá-la ou fatiá-la.

Como conservar temperos

Alecrim, tomilho e orégano

Se o clima local for seco, são mais fáceis de conservar secando ao vento. No forno, seque esses temperos em temperatura muito baixa. Depois de secos, armazene-os em recipientes de vidro bem fechados.

Alho picado, salsinha e cebolinha

Podem ser conservados por uma semana se armazenados dentro de um vidro com óleo. Manter o vidro bem tampado.

Cebola

Não é recomendado cortar a cebola “de véspera”. No entanto, se a cebola cortada for refogada em óleo quente até suar, pode ser guardada por dois dias na geladeira.

Manjericão e manjerona

Lave bem as folhas e seque-as com papel toalha. Distribua as folhas em camadas dentro de um recipiente de vidro e pulverize sal entre as camadas. Quando o vidro estiver cheio, complete-o com óleo e fecho-o bem. Este tempero pode ser conservado na geladeira ou em ambiente fora de luz direta por tempo indeterminado. Com o tempo, a cor vibrante esmaecerá, mas o sabor e o perfume não.

Tomate

Faça a receita do molho de tomate e congele-o em porções. Uma boa dica para não tingir o recipiente com a cor do molho é forrá-lo com um saco plástico ou papel filme.

Congelamento e descongelamento

Se o processo de congelamento e descongelamento for realizado corretamente, os alimentos manterão a cor, o sabor e a textura originais. Você vai aprender agora a maneira correta de congelar e descongelar carnes, aves, peixes, legumes, verduras e frutas.

Congelamento e descongelamento

Recomenda-se que a quantidade de alimentos preparados corresponda ao número de refeições previstas para o dia, para que não sobrem alimentos em quantidade que exija congelamento. Primeiro, porque o *congelamento e o descongelamento exigem cuidados especiais para evitar riscos de contaminação alimentar.* Segundo, porque se o processo de conservação não for benfeito, o sabor e a textura dos alimentos sofrem alterações e a comida pode ser rejeitada. Além disso, é preciso ter um equipamento próprio para este fim, um freezer espaçoso.

Os modos mais conhecidos de conservação dos alimentos são a *refrigeração* e o *congelamento.* A *refrigeração* é feita em baixas temperaturas, de 0°C a 7°C, de acordo com o tipo de alimento, em geladeiras ou balcões frigoríficos.

O *congelamento* deve manter os alimentos em embalagens fechadas a uma temperatura entre -10°C e -18°C, em freezers ou câmaras frias. É bom deixar claro que o congelamento não mata as bactérias, apenas paralisa sua reprodução.

Se o processo de congelamento e descongelamento for realizado corretamente, os alimentos manterão a cor, o sabor e a textura originais. Você vai aprender agora a maneira correta de congelar e descongelar carnes, aves, peixes, legumes, verduras e frutas.

Carnes (bovina e suína)

C CONGELAMENTO

Antes de ser congelada, a carne deve estar limpa e ficar com pouca ou nenhuma gordura. Separe a carne que será congelada em tamanhos/porções que serão futuramente preparadas. Deposite as porções preferencialmente em sacos plásticos transparentes ou em papel filme, devidamente etiquetados. Assim, poupa-se espaço no congelador e o tempo de descongelamento é menor. Além disso, você poderá controlar o estoque com mais facilidade. Essa mesma técnica serve para aves e peixes.

Para armazenar bifes e costeletas, embale um a um em papel filme para que a carne não perca a consistência e a integridade. Organize-os em potes de plástico hermeticamente fechados ou em sacos plásticos transparentes, devidamente etiquetados, colocando quantidades "redondas" (dez, vinte ou trinta bifes) por embalagem. Arrume-os da forma mais plana possível.

As carnes cortadas para assar devem ser guardadas já limpas, embaladas uma a uma em sacos plásticos. Para carnes picadas ou moídas, embale as porções em saco plástico, acomodando-as em uma assadeira e leve para congelar. Quando estiverem congeladas, retire as embalagens das assadeiras e acomode-as no congelador em camadas planas. Assim se evita aqueles bolinhos de carne impossíveis de serem empilhados.

D DESCONGELAMENTO

Na véspera do preparo, transfira a carne do freezer para a geladeira. Nunca descongele a carne deixando-a fora da geladeira ou sob o sol.

Carne-seca e/ou carne de sol

C CONGELAMENTO

Deve-se congelar a carne-seca já dessalgada, aferventada, no corte em que será utilizada.

A carne de sol deve ser previamente hidratada no leite. Dependendo do processo utilizado, o tempo de submersão varia de 3 a 12 horas, dependendo do tamanho do corte (quanto maior o corte mais horas para a hidratação).

Tanto a carne-seca como a de sol devem ser dessalgadas ou hidratadas sempre na geladeira. O corte deve seguir a direção das fibras da carne, podendo ser em cubos, tiras ou desfiada. Lembre-se de congelar em pequenas porções e em quantidades "redondas", como descrito no item carnes (bovina e suína).

D DESCONGELAMENTO

Na véspera do preparo, transfira a carne do freezer para a geladeira. Nunca a deixe fora da geladeira ou sob o sol.

Aves

C CONGELAMENTO

Para congelar uma ave inteira crua, é necessário retirar todos os miúdos. Estes devem ser secos e embalados em papel filme ou saco plástico transparente, retirando da embalagem o máximo de ar que puder. Os miúdos também podem ser congelados em potes de plástico hermeticamente fechados.

Para congelar os pedaços da ave (peito, coxa, sobrecoxa e asa), embale-os individualmente e os congele em pequenas porções, em quantidades "redondas", como descrito no item carnes (bovina e suína).

D DESCONGELAMENTO

Na véspera do preparo, transfira a ave do freezer para a geladeira. Lembre-se mais uma vez: nunca descongele a ave deixando-a fora da geladeira ou sob o sol.

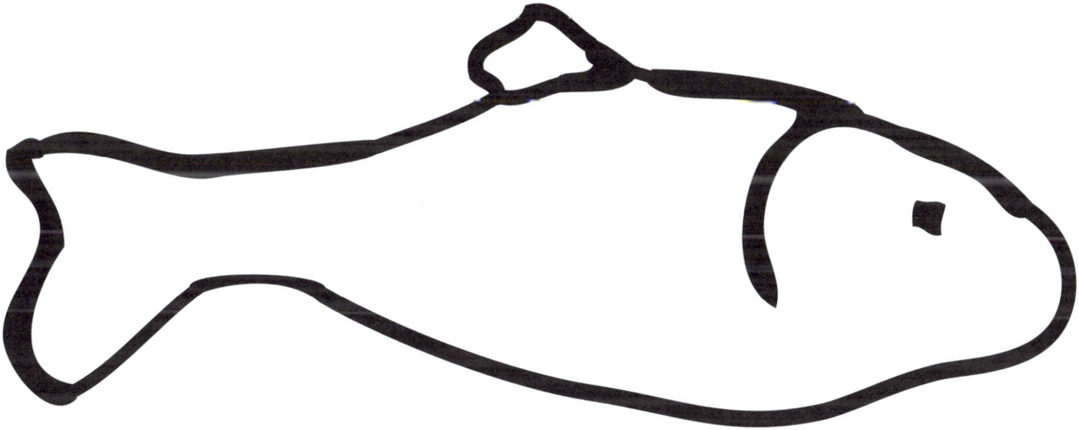

Peixes

C CONGELAMENTO

Os peixes devem ser bem lavados em água corrente e estar limpos antes de serem congelados, sem vísceras e sem sangue. Embrulhe o peixe inteiro em papel filme ou saco plástico transparente.

No caso de filés, o ideal é embrulhá-los um a um em papel filme para manter sua integridade no descongelamento.

D DESCONGELAMENTO

O método ideal para o descongelamento dos peixes é passá-los para a geladeira 12 horas antes do preparo.

Vai descongelar alguma carne? Então, atenção!

Qualquer que seja o tipo de carne – *bovina, suína, de ave ou peixes* – o descongelamento deve ser feito sempre em temperatura inferior a 5°C.

Quando um alimento congelado vai ser preparado imediatamente, e apenas nesse caso, o descongelamento pode ser feito em forno de micro-ondas.

Legumes

CONGELAMENTO

Não se recomenda o congelamento de legumes, apenas em casos de necessidade porque, em geral, perdem a textura, ficam aguados e alguns mudam de cor. Os únicos legumes que aceitam bem o congelamento não industrial, sem alterar a textura e a aparência, são o aipim descascado, o milho cozido e debulhado e a ervilha pré-cozida. Depois de lavados, os legumes devem ser cortados em pedaços iguais e colocados em uma peneira. Mergulhe-os rapidamente em água fervente e, em seguida, coloque-os em um recipiente com água e gelo. Escorra-os muito bem e embale-os em sacos plásticos transparentes ou potes plásticos hermeticamente fechados com a quantidade exata para o consumo de uma refeição.

DESCONGELAMENTO

Basta colocar os legumes congelados em uma panela com água, sal e tempero a gosto, tampar a panela e esperar o ponto de cozimento.

Verduras

CONGELAMENTO

Assim como os legumes, não se recomenda o congelamento das verduras, que são ainda mais sensíveis do que os legumes e ficam totalmente alteradas. Depois de lavá-las, escorra-as muito bem e seque-as com papel toalha. Embale-as em sacos plásticos transparentes, tirando todo o ar. Calcule porções para serem consumidas em uma refeição.

As verduras que serão consumidas em saladas cruas não devem ser congeladas.

DESCONGELAMENTO

Basta colocar as verduras em uma panela com um pouco de água, sal e tempero a gosto, levá-las ao fogão e esperar o ponto de cozimento com a panela tampada.

Congelar ou não!

Vimos que, em geral, não é recomendado congelar legumes e verduras. Para as frutas vale a mesma coisa, pois elas também perdem em textura e aparência. Apenas o congelamento industrial é indicado para esses tipos de alimentos, pois as técnicas de resfriamento utilizadas preservam as características e a qualidade dos alimentos.

No caso de frutas que foram compradas em quantidades maiores, por conta da safra ou de alguma oportunidade, depois de congeladas o mais saudável é que elas sejam transformadas em suco. De qualquer forma, antes do congelamento elas devem ser higienizadas.

Frutas

C CONGELAMENTO

Frutas congeladas só devem ser usadas para sucos e doces. Com exceção da banana madura, as frutas podem ser congeladas inteiras, em pedaços, em forma de purê (polpa) ou suco.

Para congelar frutas inteiras, lave-as, seque-as muito bem, espalhe-as em uma bandeja e leve-as ao congelador até que fiquem bem rígidas, depois as embale em papel filme. Frutas como ameixa, uva, caju e jabuticaba podem ser congeladas inteiras e com casca.

Frutas como manga, kiwi, tangerina, abacate e goiaba devem ser descascadas e seus caroços retirados. Elas devem ser acomodadas em potes plásticos hermeticamente fechados.

Para não oxidar maçãs e abacates, junte à polpa algumas colheres de suco de limão (para cada quilo, aproximadamente três colheres de sopa de suco de limão).

D DESCONGELAMENTO

Não se deve descongelar a fruta antes de usá-las nas preparações culinárias. Para fazer doces, cozinhe as frutas ainda congeladas com uma calda de açúcar em ponto de xarope. O ideal é que se faça um suco batendo as frutas ainda congeladas com água para manter a sua integridade.

Merendeira, cuidado ao congelar e descongelar!

➔ Nenhum alimento pode ser congelado de novo depois de ter sido descongelado! Além de perder nutrientes, ele pode sofrer alterações de aspecto, sabor e textura e facilitar a multiplicação dos microrganismos.

➔ Todos os produtos armazenados no freezer e na geladeira devem estar embalados em potes ou sacos plásticos próprios para este fim e devidamente etiquetados (com a data do congelamento, data da validade e o nome do produto). Este procedimento permite identificar qual produto deve ser usado primeiro (em razão da data de congelamento).

➔ Não congele alimentos mornos ou quentes. O vapor se transforma em cristais de gelo, que influem no sabor. Espere que os alimentos fiquem frios.

➔ Os recipientes devem estar apenas 75% ocupados, pois durante o congelamento ocorre a expansão do volume do produto.

➔ Proteja os recipientes forrando-os com plástico ou papel filme antes de acondicionar os alimentos. Assim você evita que os recipientes absorvam seu cheiro e sua cor.

➔ Deve-se descongelar apenas a quantidade de alimento que será utilizada no dia. Todos os produtos congelados em porções devem ser acondicionados em pacotes de dez, vinte, trinta... cem porções, conforme o fluxo de refeições da escola.

➔ A geladeira é a melhor opção para o descongelamento, porque a água volta ao estado líquido e tem tempo de ser reabsorvida pelo alimento.

➔ Nunca deixe o alimento descongelar em temperatura ambiente, porque facilita a proliferação de microrganismos.

Técnicas de preparo

Existem muitas formas para preparar um mesmo alimento. Para variar o cardápio, é fundamental conhecer as técnicas de cozimento (ou cocção). A seguir você vai aprender em que consiste cada uma dessas técnicas. Tendo esse conhecimento, você poderá transformar alimentos em ótimas refeições.

ASSAR

Nesta técnica, o calor do forno cozinha com ar seco e sem gordura. A camada externa da carne é aquecida e faz com que os sucos naturais se concentrem, não permitindo que a carne seque. A carne das aves, por exemplo, fica úmida e a pele, crocante.

Quando uma carne é assada, os sucos que ficam no fundo da assadeira podem ser retirados se juntarmos a eles algum líquido. E isso resulta em um saboroso molho. Essa técnica recebe o nome de deglaçagem.

BRASEAR

Técnica em que o alimento é cozido no forno ou diretamente sobre a chama, em fogo baixo e muito devagar. As peças inteiras ou cortadas em pedaços grandes devem ser seladas (grelhadas) primeiro e depois cobertas com caldo ou água em uma panela preferivelmente pesada e fechada com a tampa, para que o vapor e o ar quente não escapem de seu interior. Brasear é indicado para carnes mais duras, que precisam de um longo tempo de cozimento. Um bom exemplo de braseado é o Barreado, comida típica do Paraná.

GUISAR (ENSOPAR) CARNES, AVES E PEIXES

Consiste em selar (grelhar) pedaços pequenos do alimento em panela com óleo aquecido e depois cozinhá-los lentamente sobre o fogo do fogão. Dependendo da receita, o guisado pode receber diversos ingredientes para incrementar tanto o molho quanto a marinada: vinho, legumes, caldos, creme de leite ou mesmo água.

GUISAR (ENSOPAR) VEGETAIS

O alimento é cozido em seu próprio líquido ou com pouca água, pouca gordura e temperos. Pode ser feito com apenas um tipo de legume ou com legumes variados.

FRITAR CARNES, PEIXES, AVES, VEGETAIS E BOLINHOS

Os alimentos podem ser empanados, ou seja, fritos em pouca gordura para garantir sua umidade interna ou fritos em muita gordura (imersão). Neste caso, os pedaços do alimento devem ser uniformes e não muito grandes, pois vão flutuar na gordura.

GRELHAR CARNES, AVES, PEIXES OU VEGETAIS

Pode-se grelhar em uma frigideira, chapa, ou na grelha da churrasqueira. Nesta técnica, o calor está localizado embaixo da superfície de cozimento. Esses alimentos, normalmente, são identificados pela marca entrecruzada da grade em que ficam apoiados.

COZIMENTO NO VAPOR

Geralmente esta técnica é utilizada para vegetais e filés de peixe. É considerada uma das técnicas de preparo mais saudáveis por provocar pouca perda de minerais e vitaminas. Os alimentos são distribuídos em uma peneira e esta é colocada sobre uma panela com água (ou caldo) fervente sem que o líquido tenha contato direto com os alimentos. É o calor do vapor que vai cozinhá-los.

REFOGAR

Nesta técnica, deve-se aquecer a panela baixa, ou frigideira, com um pouco de gordura e sem tampa, para cozinhar o alimento.

Técnicas de preparo básicas para carnes, aves, peixes, legumes e verduras, frutas e grãos

CARNES E AVES

Assar no forno

Dependendo da receita, você pode deixar a carne ou ave marinando na vinha-d'alhos para amaciar e absorver o sabor dos temperos antes de assá-la. Para assar, veja o passo a passo.

1. Preaqueça o forno a 200°C.

Para aves: ao preparar uma ave para assar, solte a pele do peito sem rompê-la, como se fosse uma luva, e passe o tempero entre a pele e a carne, assim ela ficará mais saborosa e ganhará umidade extra.

Para carnes: aqueça bem a assadeira no fogão e sele a carne. Se quiser, acrescente algumas ervas aromáticas para dar sabor. Se a carne for "seca" ou "magra", cubra com papel alumínio antes de levá-la ao forno, para que ela preserve a sua umidade e não resseque. Outra opção é introduzir ou enrolar pedaços de bacon ou gordura nas peças a serem assadas.

2. Leve a carne ou ave ao forno. Regue-a com os sucos do cozimento, várias vezes enquanto o assado estiver no forno.

3. Tire a assadeira do forno quando a carne estiver pronta, para que o molho não resseque na assadeira. Não corte a carne logo que ela é retirada do forno. Deixe-a descansar por, pelo menos, 10 minutos, para que os sucos sejam reabsorvidos.

Cozer

Consiste em selar (grelhar) e cozinhar a carne até que esteja macia.

1. Comece com fogo alto para dar cor à peça.

2. Aos poucos, vá adicionando líquido até que cubra 1/3 da panela. O caldo evitará que a carne queime, e o cozimento se dará no próprio caldo, transformando-se em um belo molho dourado-escuro.

3. Depois que a carne estiver com uma cor bonita, o cozimento pode continuar em uma panela de pressão.

Guisar (ensopar)

1. Coloque os pedaços pequenos de carne ou ave na panela, em fogo baixo, e sele-os e deixe cozinhando. O processo de cozimento é lento.

2. Acrescente os temperos (por exemplo, cebola, alho, salsão etc.) e o líquido, que pode ser água ou algum caldo. Deixe cozinhando em fogo baixo, pois o processo de cozimento é lento. E na hora de servir, lembre-se de que o molho que ficou na panela faz parte do prato.

Grelhar

Esta é uma técnica rápida de cozimento com praticamente nenhuma gordura. Pode ser usada em carnes macias de boi (como a alcatra, patinho, contrafilé ou filé-mignon), ave ou peixe.

1. Pode-se usar grelha de churrasqueira, frigideira ou chapa. Na grelha de churrasqueira, deve-se esperar o carvão estar em brasas (quando a temperatura está mais quente) para colocar a carne sobre ela. Para grelhar em frigideiras ou chapas, espere a superfície aquecer bastante. Coloque os pedaços de carne aos poucos, sempre deixando espaço entre um e outro para que a chapa ou frigideira não esfrie.

2. Pincele a carne com óleo ou passe-a em uma marinada (base de gordura e ervas). Se a frigideira tiver proteção de teflon, dispense o óleo.

3. Se a receita não indicar que a carne deve ser temperada com antecedência, salgue-a somente no momento de grelhar. Este procedimento garante que a carne não perca seus sucos naturais e conserve a maciez, absolutamente importante para este tipo de cozimento.

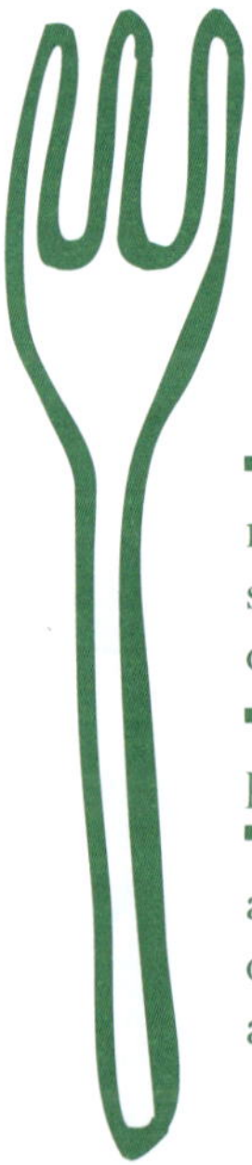

Mais dicas para fazer um bom grelhado

→ Não vire os pedaços muitas vezes, pois o calor dispersará comprometendo o sabor e a qualidade do grelhado.

→ Use pinças para virar a peça e não garfos.

→ Nunca fure a carne ou a ave. Os furos abrem caminho para que os sucos se percam, tornando a preparação seca e dura.

O ponto da carne

MALPASSADA

Para ver o ponto da carne, grelhe dos dois lados e pressione seu centro com a ponta da pinça. Se não oferecer resistência, ou seja, se estiver macia, a carne está malpassada. A carne malpassada é vermelha e sangrenta por dentro.

AO PONTO

Depois de grelhar a carne dos dois lados, pressione seu centro com a ponta da pinça. Se oferecer uma leve resistência ao toque, a carne está ao ponto. A carne ao ponto é rosada por dentro.

BEM-PASSADA

Depois de grelhar a carne dos dois lados, pressione seu centro com a ponta da pinça. Se oferecer resistência ao toque, a carne está cozida, ou seja, bem-passada. A carne bem-passada é cinzenta por dentro. Não custa lembrar que carne suína deve ser servida sempre bem-passada para evitar contaminação alimentar.

PEIXES

Fritar

Quando o cardápio tem peixe, filé de peixe frito é a receita de maior aceitação nas escolas. Há duas maneiras de fritar o filé: com pouco óleo, apenas para untar a frigideira em temperatura média (mas precisa de atenção, para que os filés não ressequem ou queimem); ou em óleo abundante, onde o peixe é imerso e frito em poucos minutos. Neste caso, o óleo deve estar em alta temperatura.

1. Seque os filés de peixe com papel toalha.
2. Tempere-os com sal e pimenta e empane em farinha antes de fritar na frigideira com óleo quente.
3. A farinha do empanado pode variar: de trigo, mandioca, milho ou rosca. A função da farinha é proteger a pele do peixe para não grudar na frigideira e reter os sucos, deixando a carne úmida e a crosta crocante.
4. Depois de fritos, os filés de peixe devem ser distribuídos sobre papel absorvente. Depois, dispostos no recipiente onde serão servidos.

Guisar (ensopar)

Esta técnica em geral é feita com postas de peixe, e não com filés.

1. Faça primeiro um bom refogado com os temperos desejados.
2. Como o peixe cozinha muito rápido, coloque-o no refogado praticamente no momento de servir. O peixe está cozido quando a carne se torna opaca.

LEGUMES E VERDURAS

Cozimento na água

1. Quando for cozinhar vegetais frescos como abobrinha, abóbora, cenoura, vagem e ervilha, use pouca água para diminuir a perda dos nutrientes. Distribua os legumes e verduras na panela com água já fervendo e com sal. Depois de cozidos, dê um choque térmico nos alimentos para que não percam a cor. Para dar o choque térmico, mergulhe os legumes ou as verduras recém-cozidos em água fria ou gelada para interromper o cozimento.
2. Para legumes como batata e aipim, comece o cozimento com água fria, para que o amido existente nesses legumes não escalde. Os legumes mais duros, como batatas e aipim, devem ser cozidos cobertos por água e em fogo baixo, para que o centro fique macio. Mas atenção para a parte de fora não se desmanchar.
3. Para cozinhar verduras, como espinafre, brócolis, vagens e ervilhas, comece com a água já fervente e dê o choque térmico para conservarem o verde inalterado.
4. Para cozinhar vegetais congelados, mergulhe-os por, no máximo, 2 a 3 minutos em bastante água fervente já salgada.

Cozimento no vapor

Os vegetais cozidos no vapor retêm mais nutrientes e ficam muito mais macios. Apesar de ser uma forma de preparo nutritiva, é um processo bem lento.

1. Todos os pedaços devem estar cortados no mesmo tamanho e espessura para ficarem igualmente cozidos.

2. Faça apenas uma camada do alimento na panela, para que o cozimento se dê por igual.

Refogado

1. Para refogar, aqueça a panela com um pouco de óleo ou outra gordura, doure primeiro a cebola picada até suar, ou seja, até amaciar.

2. Depois, junte os legumes ou verduras, geralmente cortados em pedaços pequenos (veja os cortes tradicionais de legumes e verduras na página 75).

3. Abobrinhas e berinjelas costumam soltar muita água quando refogadas. Para evitar que isso aconteça, antes do refogar, distribua os legumes já cortados sobre uma peneira ou uma tigela. Pulverize sal e deixe descansar por 15 minutos. Depois, lave-os para retirar o excesso de sal, escorra (seque com papel toalha se for fritá-los) e prepare a receita normalmente. Esse procedimento fará com que o legume desidrate somente o necessário e, assim, não vai desequilibrar a receita, principalmente o recheio de tortas salgadas.

Sal, açúcar e ervas aromáticas

Assim como a quantidade de açúcar deve ser moderada, o sal nunca deve ser usado em excesso.

Não se esqueça: é na idade escolar que o paladar das crianças está sendo formado. Cabe à merendeira grande parte dessa responsabilidade!

Com o tempo, excesso de sal aumenta a pressão; açúcar em demasia também não é saudável, pode causar obesidade, diabetes etc. Portanto, merendeira, cozinhe com pouco sal.

Quanto às ervas aromáticas, quando são frescas, devem ser usadas de forma que deem sabor moderado à preparação. Normalmente são incluídas na finalização do cozimento. Quando as ervas são secas ou desidratadas, antes de serem incluídas nas receitas, devem ser esfregadas entre as palmas das mãos para liberarem o seu óleo e aroma natural. Os temperos desidratados devem ser usados em menor quantidade, pois têm sabor concentrado.

FRUTAS

1. Para cozinhar frutas congeladas, mergulhe-as sempre em uma calda rala de açúcar ou xarope para que permaneçam inteiras. Cozidas apenas na água, as frutas se desintegram.
2. Para fazer uma calda rala ou xarope, use a medida de uma parte de açúcar para duas de água, afervente (na temperatura de 120°C) em uma panela até que o açúcar dissolva.

GRÃOS

Valiosa fonte de proteínas, os grãos podem ser usados em vários tipos de pratos, como ensopados, refogados e saladas. A maioria dos grãos deve ficar de molho na água, no entanto, o tempo do molho varia de acordo com o tamanho do grão e seu estado, se é fresco ou seco. A água do molho deve ser sempre descartada.

Considerando 1 kg de grãos secos, veja o tempo médio de molho e cozimento dos grãos.

Lentilha partida: 10 minutos de molho; 15-20 minutos de cozimento.
Lentilha inteira e ervilha partida: 10 minutos de molho; 25-30 minutos de cozimento.
Feijão-fradinho, feijão-manteiga, ervilhas e favas: 15 minutos de molho; 45 minutos de cozimento.
Feijão-preto, feijão-roxinho: 60 minutos de molho; 60 minutos de cozimento.
Grão-de-bico: 60 minutos de molho; 1 hora e 25 minutos de cozimento.

Cozimento dos feijões

1. Os feijões devem ser cozidos em fogo alto por 10 minutos, para que as toxinas que causam gases sejam destruídas. Depois, cozinhe em fogo brando até que amoleçam.
2. Tempere com sal após o cozimento, pois o sal pode retardar o amolecimento dos grãos. Deixe o feijão esfriar na água de seu cozimento para que a pele não estoure.
3. Se for usar panela de pressão, fique atenta. Cozinhe o feijão em fogo alto por $^1/_3$ do tempo normal de cozimento.
4. Grãos como feijão, lentilhas, ervilhas etc. ficam muito mais saborosos se cozidos com pedaços de carnes como peito de boi ou carnes suínas defumadas.

Cozimento da soja

Comparada à proteína do leite, a proteína da soja traz benefícios ao coração, diminui o colesterol ruim (LDL) e aumenta o bom (HDL). Estas são as vantagens da substituição parcial da proteína da carne pela proteína da soja. Em média, a soja tem 40% de proteínas (o arroz tem 7% e o feijão 20%), 35% de carboidratos, 20% de gorduras, 5% de minerais e não contém amido. O desafio é saber cozinhar a soja!
1. A soja nunca deve ficar de molho em água fria, porque possui enzimas que iniciam uma reação que produz sabor desagradável no grão. Portanto, a soja não deve ficar de molho.
2. Primeiro, cozinhe a soja por 5 minutos em água fervendo.

3. Descarte a água e dê um choque térmico lavando a soja em água fria. Escorra bem. Só depois de resfriada, comece o processo normal de cozimento do grão.
4. A soja pode ser preparada cozida e servida como salada, ensopada com legumes e condimentos. No capítulo 5, você encontrará receitas com soja.

Como descascar grão-de-bico

Para retirar as cascas do grão-de-bico, deixe os grãos de molho de véspera na geladeira.

Depois, distribua os grãos sobre um pano limpo em uma superfície plana e cubra com outro pano. Passe um rolo de massa com leve pressão sobre eles. Separe as cascas dos grãos, colocando-os em uma tigela com água. As cascas vão ficar na superfície, facilitando o descarte.

O grão-de-bico pode ser congelado já descascado.

É muito saboroso ensopado com legumes, em saladas e sopas. Nas receitas encontradas no capítulo 5, é possível substituir a soja pelo grão-de-bico.

Como medir ingredientes

Merendeira, antes de separar as quantidades necessárias de cada ingrediente para preparar suas receitas, veja a seguir as explicações das técnicas de medição apropriadas. Assim você não vai correr mais o risco de errar nos cálculos das medidas.

Ingredientes secos Peneire e ou afofe os ingredientes secos, como farinhas, açúcar e outros, antes de serem medidos. Coloque-os cuidadosamente no recipiente de medida sem serem comprimidos ou sacudidos e passe a lâmina da faca na boca do medidor para acertar o nível.

Ingredientes líquidos Sobre uma superfície reta, apoie o recipiente para medir ingredientes líquidos e verifique o nível da medida na altura da vista.

Ingredientes gordurosos sólidos Retire manteigas, margarinas ou banhas da geladeira com antecedência, pois as medidas são feitas mais facilmente se as gorduras estiverem amolecidas em temperatura ambiente. Coloque o ingrediente bem comprimido no recipiente de medida para não produzir buracos vazios ou bolhas de ar.

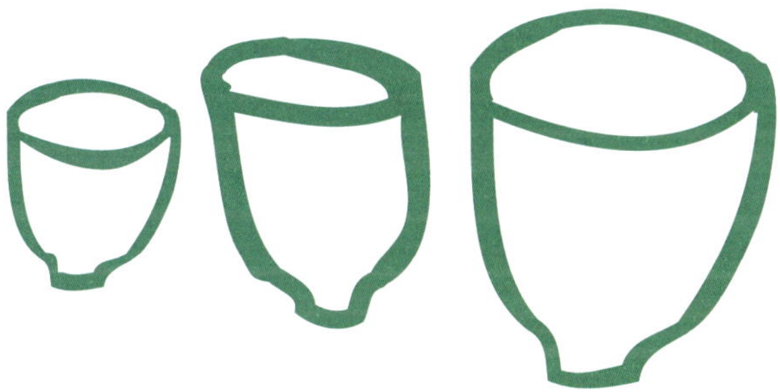

Medidas de equivalência: pesos e medidas

Nem todas as receitas usam uma só medida. É comum que algumas usem copo, colher ou xícara e outras indiquem o peso exato em gramas ou mililitros como unidade de medida para os ingredientes.

Com as tabelas de *"Medidas de equivalência"*, grande parte da dificuldade para transformar as unidades de vários ingredientes vai acabar. Veja a seguir como esta é uma ótima ferramenta para passar de xícaras para gramas e vice-versa com segurança!

MEDIDAS DE EQUIVALÊNCIA

1.000 ml (1 litro) →	4 copos do tipo americano	
200 ml →	1 xícara (chá) →	16 colheres (sopa)
100 ml →	½ xícara (chá) →	8 colheres (sopa)
75 ml →	1/3 xícara (chá) →	6 colheres (sopa)
50 ml →	¼ xícara (chá) →	4 colheres (sopa)
5 ml →	1 colher (chá) →	1/3 colher (sopa)
1 kg →	5 xícaras (chá)	
250 g →	1 copo de água comum	
200 g →	1 prato fundo nivelado	

EQUIVALÊNCIA EM GRAMAS POR INGREDIENTE

INGREDIENTES (1 XÍCARA DE CHÁ)	PESO APROXIMADO
Açúcar	**180 g**
Arroz cru branco / Integral	**210 g**
Amendoim sem casca	**140 g**
Aveia em flocos grandes	**80 g**
Aveia em flocos finos	**100 g**
Achocolatado em pó	**90 g**
Coco seco ralado / Queijo ralado	**80 g**
Farinha de mandioca / Farinha de milho / Trigo para kibe	**150 g**
Farinha de tapioca / Polvilho azedo	**80 g**
Farinha de trigo / Fubá / Sêmola de milho	**120 g**
Amido de milho / Fécula de batata / Creme de arroz	**150 g**
Manteiga / Margarina / Banha	**230 g**
Mel / Melado de cana	**300 g**
Polvilho doce / Sagu	**150 g**

INGREDIENTES (1 COLHER DE SOPA)	PESO APROXIMADO
Fermento em pó	**12 g**
Amido de milho	**8 g**
Óleo	**10 g**
Sal	**13 g**

Aproveitamento integral dos alimentos

Além de ser uma prática econômica e muito saudável, aproveitar integralmente os alimentos é um gesto de respeito com a natureza. Como veremos, dos legumes e das verduras tudo pode ser aproveitado: suas hastes, cascas e até mesmo a água em que foram cozidos. Utilizando essas partes que seriam jogadas fora, a preparação é enriquecida com mais nutrientes!

O mesmo se aplica às carnes, aves e arroz. Muitas vezes as sobras são excelentes ingredientes para a preparação de um novo prato. Merendeira, seja consciente e criativa! E lembre-se: sobras não são restos de alimentos.

Seguem aqui algumas ideias para que nada seja desperdiçado na sua cozinha. No capítulo 5, há também sete receitas apetitosas que aproveitam integralmente os alimentos.

Carnes

Quando estiver limpando as carnes, guarde as aparas e congele. Tendo uma quantidade considerável (de 5 a 10 kg), prepare um caldo de cozimento escuro para fazer sopas, base de polentas, pirões ou para cozinhar o arroz. Tudo fica muito mais nutritivo e saboroso se for feito com um bom caldo de carne.

CALDO DE CARNE

Ingredientes

5 kg de aparas de carne
3 cebolas descascadas
2 cenouras descascadas
4 dentes de alho descascados
1 molho de ervas (tomilho, segurelha, louro e talos de salsinha)
5 litros de água

Modo de fazer

Asse as aparas de carne por 50 minutos no forno quente até ficar com uma cor dourada. Em uma panela, junte todos os ingredientes, inclusive a carne, e afervente por 3 horas ou mais.

Evite deixar levantar fervura e vá retirando a espuma que subir com uma escumadeira. Deixe o caldo esfriar. Descarte a gordura e passe o caldo em uma peneira. Congele em recipientes plásticos bem tamapados.

Dicas **1** O caldo pode ser mais ou menos concentrado: o mais concentrado é usado para molhos; o menos concentrado, para sopas e risotos. É recomendado concentrar o caldo e diluir com água no momento de usá-lo. Este procedimento poupa espaço no congelador. **2** Observe que não constam sal nem pimenta na receita, porque quando o molho é reduzido esses sabores se acentuam. Portanto, só tempere quando empregar o caldo em uma preparação culinária.

Peixes

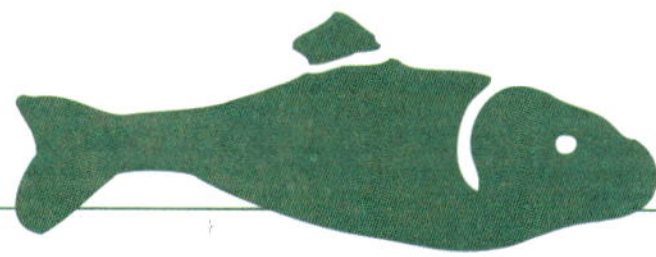

Aproveite a cabeça e as espinhas dos peixes que iriam parar no lixo, fazendo um nutritivo caldo.

CALDO DE PEIXE

Ingredientes

5 kg de espinhas e cabeças de peixe (sem os olhos e limpas)
3 dentes de alho
5 cebolas grandes picadas
2 cenouras
1 molho de ervas (tomilho, segurelha, louro e salsinha)
7 litros de água

Modo de fazer

Em uma panela, cozinhe as hortaliças por 20 minutos para perfumar o caldo. Lave as espinhas e a cabeça muito bem para retirar o sangue, que pode amargar o caldo, e acrescente-as às hortaliças em cozimento. Não deixe a água ferver. Assim que as carnes e as espinhas ficarem opacas, aproximadamente 20 minutos depois da imersão, retire o caldo do fogo e deixe descansar. Peneire o caldo e conserve na geladeira para uso imediato ou separe em porções armazenadas em potes plásticos e congele.

Dicas **1** Desfie as carnes da cabeça e rente às espinhas para fazer um arroz de forno com o caldo de peixe e as cenouras. **2** Não se usa sal nem pimenta na receita, porque quando o molho é reduzido estes sabores se acentuam. Portanto, só tempere quando for empregar o caldo na sua finalidade.

Aves

Após desossar uma ave, use os ossos para fazer um caldo. Após o cozimento, é possível ainda desfiar alguma carne dos ossos para fazer sopas ou ensopados. Você também pode usar o caldo de galinha para cozinhar o arroz ou a polenta de acompanhamento.

CALDO DE GALINHA (BÁSICO)

Ingredientes

Ossos de galinha (aproximadamente 5 kg de carcaças ou asas)
3 cebolas descascadas
2 cenouras descascadas
4 dentes de alho descascados
1 molho de ervas (tomilho, segurelha, louro e talos de salsinha)
5 litros de água

Modo de fazer

Asse os ossos ou as asas por 20 minutos no forno quente. Em uma panela, junte todos os ingredientes inclusive os ossos (ou asas) assados. Afervente por 1 hora, mas não deixe o caldo ferver, se não ficará turvo. Retire a espuma que subir com uma escumadeira. Depois, deixe o caldo esfriar. Descarte a gordura. Peneire o caldo e guarde-o em embalagens plásticas no congelador.

Dicas **1** Assim como ocorre com o caldo de carne, o caldo de galinha pode ser mais ou menos concentrado: mais concentrado é usado para molhos; menos concentrado, para sopas e risotos. É recomendado concentrar os caldos e diluir com água no momento de empregar. Este procedimento poupa espaço no congelador. **2** Observe que não se usa sal nem pimenta, porque quando o molho é reduzido esses sabores se acentuam. Portanto, só tempere o caldo quando for empregá-lo na sua receita. **3** Esta é a receita do caldo escuro. Se preferir o caldo mais claro, não asse os ossos, simplesmente os cozinhe.

Arroz

Sobras de arroz de ontem podem virar um alegre e colorido arroz de hoje, basta acrescentar alguns legumes cozidos e cortados em cubinhos (cenoura, vagem, milho, ervilhas etc.). O arroz também pode engrossar a sopa ou o purê de legumes. Para isso, bata o arroz no liquidificador com a sopa ou o purê para deixá-los cremosos.

Legumes

Para enriquecer arroz, polentas e pirões, junte cascas lavadas de legumes, cenoura, cebolas e faça um caldo. A água onde foram cozidos os vegetais pode ser aproveitada para preparar ensopados e bases de sopas.

CALDO DE LEGUMES (BÁSICO)

Ingredientes

5 cebolas fatiadas
5 cenouras cortadas em pedaços
50 ml de óleo
1 molho de ervas (tomilho, segurelha, louro e salsinha)
5 litros de água

Modo de fazer

Em uma panela, aqueça o óleo e refogue rapidamente legumes e verduras. Junte água fria. Assim que levantar fervura, baixe o fogo para que o caldo não entre em ebulição, pois se ferver ele se tornará turvo. Cozinhe o caldo por 30 minutos. Deixe esfriar para que o sabor se acentue. Descarte as ervas. Use o caldo imediatamente ou guarde em embalagens plásticas no congelador.

Dica Do mesmo modo que nos caldos de carne e galinha, não se usa sal nem pimenta, porque quando o molho é reduzido estes sabores se acentuam. Portanto, só tempere o caldo quando for empregá-lo na sua finalidade.

Banana-verde, a biomassa multiplicadora

A banana-verde é rica em vitaminas, sais minerais, potássio e fósforo. Sua pasta (ou biomassa) é inodora, o que a torna capaz de se adaptar ao sabor e à cor predominantes das receitas em que pode ser utilizada. Empregada em omeletes, bolos e arroz, a banana-verde é excelente também para engrossar caldos de feijão e diversificar legumes refogados. Sua casca é muito saborosa quando refogada (com consistência e sabor semelhantes ao da vagem) e harmoniza com inúmeros outros ingredientes. Veja no capítulo 5, dedicado às receitas, como preparar um delicioso prato de carne moída com banana-verde e comprove o milagre da multiplicação proporcionado por este ingrediente.

CADERNO DE **RECEITAS**

CAPÍTULO 5

Neste capítulo, você vai encontrar algumas receitas nutritivas e saborosas para colocar em prática boa parte daquilo que aprendeu neste livro. Lembre-se de ler as receitas até o fim antes de colocar a mão na massa, assim você evita interrupções durante o preparo. E não esqueça de que, na adaptação dos ingredientes ou quantidades, o poder está com você. Na dúvida quanto às unidades de medida, consulte as tabelas de "Medidas de Equivalência" nas páginas 95 a 97.

Seja criativa e cuidadosa, evite desperdícios. E divirta-se!

Básicas

ARROZ

Ingredientes

4 xícaras de arroz
8 xícaras de água fervente
4 dentes de alho picados (opcional)
Óleo, o quanto baste
Sal, o quanto baste

RENDIMENTO

Cerca de 10 porções

TEMPO DE PREPARO

Aproximadamente 30 minutos

Modo de fazer

Lave o arroz em água corrente e escorra. Em uma panela, aqueça o óleo e refogue o alho, junte o arroz e frite por 1 minuto, mexendo sem parar. Junte a água, tempere, mexa para absorver o sal. Tampe a panela e cozinhe em fogo moderado até que a água seja absorvida.

Dicas

→ Cozinhe o arroz com caldos, ficará mais nutritivo e saboroso.
→ Acrescente legumes picados ou hortaliças refogadas ao arroz.

FEIJÃO

RENDIMENTO

Cerca de 10 porções

TEMPO DE PREPARO

Aproximadamente 80 minutos para feijão-preto / 45 minutos para outros feijões

Ingredientes

½ kg de feijão-preto
½ kg de linguiça em fatias ou de carne-seca (jabá) ou de carne de porco cortada, salgada ou defumada em pedaços (opcional)
3 folhas de louro
3 dentes de alho picado
2 cebolas picadas
Óleo, o quanto baste
Sal, o quanto baste
Pimenta moída na hora

Modo de fazer

Coloque o feijão de molho na água por 3 horas antes de começar o preparo. Em uma panela de pressão, coloque o feijão para cozinhar em bastante água com o louro. Ferva por aproximadamente 1 hora, se for feijão-preto. Para outros tipos de feijão, ferva durante cerca de meia hora. Com uma espumadeira, retire a espuma que por acaso se formar. Tempere com sal e pimenta. Acrescente água na medida do necessário e cozinhe até engrossar. Acrescente as linguiças ou as carnes, se quiser (caso prefira, afervente as carnes antes para retirar o excesso de sal e lave bem as defumadas). Em uma panela, aqueça o óleo, refogue o alho e a cebola e, depois, misture no feijão. Retire a espuma, que por acaso se formar, com uma espumadeira.

Dica

⟶ Procure variar o tipo de feijão: branco, vermelho, mulatinho, carioca ou favas.

MACARRÃO

Ingredientes

1 kg de macarrão
Água (5 litros de água para 1 kg de macarrão)
Sal, o quanto baste
1 fio de óleo

RENDIMENTO

Cerca de 10 a 15 porções

TEMPO DE PREPARO

Aproximadamente 30 minutos

Modo de fazer

Em uma panela, coloque a água para ferver com um fio de óleo e sal. Quando a água estiver fervendo, coloque o macarrão. Fique atenta ao ponto ideal de cozimento (o macarrão não pode ficar muito mole). Se ficar muito cozido, gruda e desmancha. Confira o tempo de cozimento na embalagem e faça conforme o indicado pelo fabricante. Escorra o macarrão e acrescente o molho.

Dica ⟶

Cada tipo de macarrão tem um tempo de cozimento diferente. Respeite a indicação do fabricante.

MOLHOS PARA MACARRÃO

Molho de tomate tradicional

RENDIMENTO

Cerca de 15 porções (ou 3 litros de molho)

TEMPO DE PREPARO

Aproximadamente 60 minutos

Ingredientes

5 cebolas picadas
5 dentes de alho picados
3 kg de tomate vermelho (sem pele e sem semente, picado)
1 pitada de açúcar
Sal e pimenta, o quanto baste
Óleo, o quanto baste
Água, o quanto baste

Modo de fazer

Em uma panela, aqueça o azeite, acrescente o alho, a cebola e deixe suar. Junte o tomate, o açúcar, o sal e a pimenta. Cozinhe em fogo médio com a panela tampada e mexa de vez em quando. Se secar muito, acrescente água aos poucos. Estará cozido quando o óleo começar a se separar do composto.

Dicas

- Junte salsicha fatiada à receita.
- Junte bolinhos de carne de boi ou de frango à receita (ver Almôndegas).
- Perfume com a erva aromática de sua preferência.
- Este molho pode ser conservado na geladeira por até três dias ou no freezer por até 30 dias.

Molho de carne moída ou bolonhesa

Ingredientes

1 ½ kg de carne moída (patinho ou coxão mole)
Óleo, o quanto baste
3 colheres de sopa de farinha de trigo
1 receita de molho de tomate
2 litros de caldo de carne ou água
Sal e pimenta, o quanto baste
Salsinha ou qualquer outra erva picada, o quanto baste

RENDIMENTO

Cerca de 20 porções (ou 4 litros de molho)

TEMPO DE PREPARO

Aproximadamente 30 minutos

Modo de fazer

Em uma panela de fundo grosso e largo aqueça o óleo. Adicione a carne, frite até dourar. Acrescente a farinha de trigo, mexa bem para não grudar. Adicione o molho de tomate e cozinhe mexendo de vez em quando. Vá adicionando o caldo de carne até que o molho fique levemente cremoso e com consistência aveludada. Tempere com sal e pimenta. Cozinhe até amolecer a carne (aproximadamente 30 minutos, dependendo da carne). Acrescente as ervas no fim do cozimento.

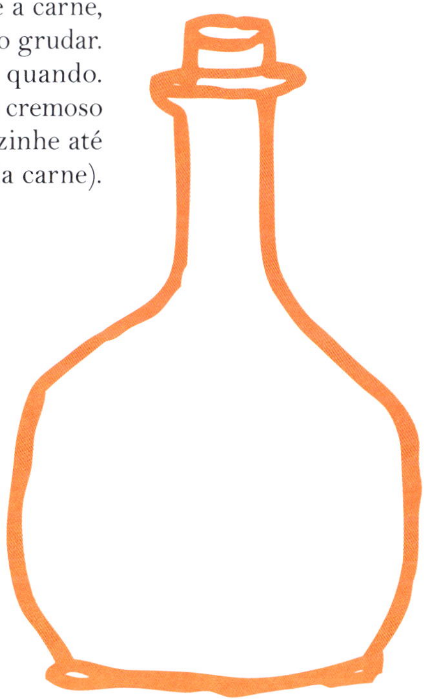

POLENTA OU ANGU

RENDIMENTO

Cerca de 10 porções

TEMPO DE PREPARO

Aproximadamente 30 minutos

Ingredientes

700 g de fubá
2 ½ litros de água
Sal, o quanto baste

Modo de fazer

Dissolva o fubá na água em temperatura ambiente e despeje na panela. Aqueça em fogo médio e deixe cozinhar durante o tempo recomendado pelo fabricante.

Dicas

⟶ Substituindo a água por caldo de carne, de frango ou de legumes, a polenta fica mais saborosa e nutritiva.
⟶ Sirva com molho de tomate ou bolonhesa, com frango assado ou bifes.

EXTRATO DE SOJA (LEITE DE SOJA)

Ingredientes

3 xícaras de chá de grãos de soja escolhidos e sem lavar
5 litros de água
1 colher de chá de sal
5 colheres de sopa de açúcar

RENDIMENTO

Cerca de 3 litros

TEMPO DE PREPARO

Aproximadamente 180 minutos (incluindo o tempo de espera)

Modo de fazer

Em uma panela ferva 2 litros de água. Coloque os grãos. Depois de levantar fervura, deixe por mais 5 minutos. Escorra a água e lave os grãos em água corrente. Ferva o restante da água (3 litros) e deixe os grãos cozinharem por mais 5 minutos. Não descarte esta água. Deixe amornar. Em etapas, bata no liquidificador a água com os grãos até que se torne uma pasta. Coloque toda a pasta obtida em uma panela e cozinhe com a tampa aberta por 10 minutos. Após levantar fervura, reduza a chama e mexa sempre para o fundo não agarrar. Deixe esfriar e peneire a massa cozida em um pano de algodão limpo. Com o auxílio das mãos, vá espremendo bem a massa através do pano. O líquido filtrado é o extrato de soja (ou o leite) e a massa restante chama-se "okara". Leve novamente o extrato ao fogo e ferva por mais 2 minutos. Tempere com o açúcar e sirva gelado.

Dicas

⟶ Para obter sabores diferentes, basta acrescentar chocolate em pó, canela, baunilha, xarope de morango ou caramelo.

⟶ A "okara" pode ser usada em diferentes receitas como pães, bolinhos ou massa para empadão. No freezer, pode ser armazenada por três meses.

Saladas

SALADA DE ALFACE E TOMATE COM MOLHO VINAGRETE

RENDIMENTO

Cerca de 10 porções

TEMPO DE PREPARO

Aproximadamente 30 minutos

Ingredientes

2 pés de alface
5 tomates

Modo de fazer

Faça a higienização da alface e dos tomates. Calcule aproximadamente meia xícara de alface picado em fita e meio tomate picado por porção. Reserve.

Molho Vinagrete

RENDIMENTO

Cerca de 10 porções

TEMPO DE PREPARO

Aproximadamente 5 minutos

Ingredientes

25 ml de vinagre
Sal e pimenta, o quanto baste
50 ml de água
25 ml de azeite

Modo de fazer

Em uma tigela, misture o vinagre, o sal, a pimenta e a água. Mexa até dissolver o sal. Junte o azeite mexendo sem parar para que ele emulsione, ou seja, fique cremoso. Misture o alface e os tomates no momento de servir, mexendo a salada de baixo para cima, para que o molho seja bem distribuído.

Dicas

→ Os tomates podem ser substituídos por pepino ou cenoura ralada.
→ O alface pode ser substituído por repolho.

SALADA DE LEGUMES

RENDIMENTO

Cerca de 10 porções

TEMPO DE PREPARO

Aproximadamente 40 minutos

Ingredientes

250 g de batatas cozidas, descascadas e cortadas em jardineira pequena (cubos de 1 cm)
200 g de cenouras cozidas, descascadas e cortadas em jardineira pequena (cubos de 1 cm)
200 g de milho cozido e debulhado
200 g de vagem cozida e cortada em pedaços de 1 cm

Molho cremoso para salada de legumes

RENDIMENTO

Cerca de 600 ml

TEMPO DE PREPARO

Aproximadamente 5 minutos

Ingredientes

500 g de maionese industrializada
100 ml de leite
Sal e pimenta, o quanto baste
3 colheres de sopa de mostarda (opcional)

Modo de fazer

Em uma tigela, misture os ingredientes do molho e depois junte à salada. Mexa delicadamente de baixo para cima para que o molho seja bem distribuído na salada.

Dicas

⟶ Os legumes podem ser substituídos por couve-flor, brócolis, abobrinha, tomate, ervilha e chuchu.

⟶ Aos legumes podem ser acrescentados arroz cozido e frio, ou macarrão cozido e frio (parafuso, pene ou conchinha – o importante é usar uma massa curta).

⟶ Aos legumes podem ser acrescentados carne de frango cozida e picada em cubos (corte jardineira) ou salsichas cozidas picadas em rodelas.

SALADA DE SOJA

Ingredientes

700 g de soja em grãos cozidos
3 tomates sem sementes picados
½ pimentão verde picado
½ pimentão vermelho picado
2 cebolas médias picadas
Cheiro-verde, sal, azeite de oliva e suco de limão (a gosto)

RENDIMENTO

Cerca de 10 porções

TEMPO DE PREPARO

Aproximadamente 20 minutos

Modo de fazer

Cozinhe os grãos de soja conforme a receita básica que você viu no capítulo anterior. Deixe esfriar e misture-os com todos os ingredientes. Leve à geladeira e sirva quando a salada estiver fria.

Proteínas

ALMÔNDEGAS OU BOLINHOS DE CARNE

Ingredientes

1 ½ kg de carne moída
3 xícaras de migalhas de pão
1 xícara de leite
2 ovos inteiros
Orégano e noz-moscada, o quanto baste
Sal e pimenta, o quanto baste
Óleo para fritar os bolinhos, o quanto baste
1 receita de molho de tomate

RENDIMENTO

Cerca de 10 a 15 porções

TEMPO DE PREPARO

Aproximadamente 50 minutos

Modo de fazer

Em uma tigela, misture as migalhas de pão com o leite até ficar uma pasta. Junte os ovos, a carne, os temperos e misture bem. Com as mãos, faça bolinhas de 3 cm de diâmetro. Aqueça o óleo em uma panela e frite rapidamente os bolinhos. Em outra panela, aqueça o molho de tomate e cozinhe os bolinhos por 10 a 15 minutos, até cozinharem por dentro.

Dicas

→ Substitua a carne de boi por carne de frango ou peixe.
→ Sirva com arroz, macarrão, polenta, purê de batata ou legumes refogados.
→ Os bolinhos podem ser servidos secos, sem o molho. Neste caso, frite um pouco mais para ter certeza de que a carne está cozida por dentro.

ARROZ DE CARRETEIRO

RENDIMENTO

Cerca de 10 porções

TEMPO DE PREPARO

Aproximadamente 90 minutos

Ingredientes

3 xícaras de arroz
500 g de carne-seca dessalgada, aferventada e cortada em cubos de 1 cm
6 xícaras de caldo de carne, aproximadamente
5 colheres de óleo
Azeite, o quanto baste (aproximadamente 3 colheres de sopa)
2 cebolas picadas
1 dente de alho picado
6 tomates picados, sem pele e sem sementes, com o suco
Sal e pimenta moída na hora
1 pimenta dedo-de-moça cortada em fatias sem a parte branca
2 colheres de sopa de salsinha picada
4 colheres de sopa de queijo parmesão ralado

Modo de fazer

Mantenha o caldo quente. Refogue a cebola e o alho com 5 colheres de sopa de óleo até ficar transparente. Acrescente a carne, o tomate e a pimenta dedo-de-moça. Refogue até que o composto se separe do óleo. Junte o arroz e mexa rapidamente para que o arroz fique envolvido no molho do refogado. Junte a metade do caldo, mexa de vez em quando, até completar o cozimento do arroz. Tempere. Aos 20 minutos, prove o arroz, que deve estar macio, porém firme. Se precisar, junte um pouco mais de caldo para completar o cozimento. Apague o fogo, junte a salsinha, o azeite e o queijo parmesão. Tampe a panela por 1 minuto. A consistência deve ser úmida e mole, deve esparramar pelo prato.

ARROZ DE FRANGO

Ingredientes

1,8 kg de frango
Óleo, o quanto baste
2 dentes de alho descascados e picados
2 cebolas descascadas e picadas
2 folhas de louro
½ maço de salsinha. Separe os talos das folhas, pique as folhas
Sal e pimenta, o quanto baste
750 g de arroz
2 cenouras descascadas e cortadas em jardineira pequena (cubos de 1 cm)
½ kg de ervilhas ou/e milho debulhado
Caldo de frango ou água, o quanto baste (quente)

RENDIMENTO

Cerca de 10 porções

TEMPO DE PREPARO

Aproximadamente 90 minutos

Modo de fazer

Corte os frangos em cubos de 2 cm (jardineira grande). Em uma panela grande, aqueça o óleo e doure os pedaços de frango até ficarem com uma cor bonita. Adicione os temperos: alho, cebola, sal, pimenta, louro e refogue. Cubra com água. Não deixe levantar fervura. Mantenha os pedaços de frango cozinhando até amaciar, por aproximadamente meia hora, retirando sempre a espuma que se forma na superfície. Quando a carne estiver macia, retire da panela e reserve. Desosse e desfie a carne grosseiramente. Dispense as peles.

Coe o caldo e, se necessário, adicione mais água. Volte com os ossos e dê mais uma aferventada. A quantidade de caldo deve ser duas vezes o volume do arroz. Retire com uma concha o excesso de gordura que ficou na superfície. Corrija o tempero. Cozinhe o arroz com o caldo fervente. Junte primeiro a cenoura e, depois, a ervilha e o milho nos últimos 10 minutos de cozimento. Distribua o frango e misture. Junte a salsinha. Se o arroz estiver seco, umedeça com um pouco mais de caldo.

Dicas ⟶ Esta receita pode ser feita com o aproveitamento das carnes que ficam rente às carcaças quando aproveitadas para fazer o caldo.

⟶ Esta receita pode ser feita com a carne desfiada das cabeças de peixe e os legumes cortados em cubos cozidos com arroz no caldo de peixe.

FRANGO ENSOPADO

RENDIMENTO

Cerca de 10 a 12 porções

TEMPO DE PREPARO

Aproximadamente 90 minutos

Ingredientes

3 frangos cortados nas juntas com ou sem pele
Óleo, o quanto baste
3 cebolas picadas
5 dentes de alho picados
2 cenouras raladas
2 folhas de louro
2 colheres de sopa de extrato de tomate
2 colheres de sopa de farinha de trigo
2 colheres de sopa de salsinha picada
Caldo de frango ou água quente, o quanto baste
Sal e pimenta, o quanto baste

Modo de fazer

Em uma panela, aqueça o óleo e doure os pedaços de frango tendo o cuidado de não queimá-los. Acrescente caldo de frango, quando necessário. Tempere com o sal e a pimenta. Acrescente a cebola, o alho, a cenoura e as folhas de louro. Refogue por alguns minutos. Acrescente a farinha de trigo pulverizada, mexendo bem. Acrescente o extrato de tomate. Refogue por mais alguns minutos. Cubra com caldo e deixe cozinhar até amaciar o frango. Corrija o tempero.

Dicas

⟶ Você pode acrescentar pedaços de milho ao natural, aipim, cenoura, quiabo, batatas (inglesa, doce, baroa, salsa) ou qualquer outro legume de sua escolha. Mas lembre-se de respeitar o tempo de cozimento de cada um, a partir do momento em que você vai cozinhar o frango até amaciar.

⟶ O frango pode ser substituído por qualquer outra ave, o que vai variar é o tempo de cozimento. Se a ave for galinha caipira, o tempo será maior. Se for galo, maior ainda.

PICADINHO DE CARNE

Ingredientes

2 kg de carne picada em cubos de 2 cm (patinho, coxão mole)
Óleo, o quanto baste
2 cebolas picadas
2 folhas de louro
3 dentes de alho picado
2 colheres de sopa de farinha de trigo
2 colheres de sopa de extrato de tomate
2 colheres de sopa de mostarda (opcional)
1 litro de caldo de carne ou água quente
Sal e pimenta moída na hora
Salsinha picada, o quanto baste

RENDIMENTO

Cerca de 10 a 12 porções

TEMPO DE PREPARO

Aproximadamente 60 minutos

Modo de fazer

Em uma panela de fundo grosso e largo, aqueça o óleo e junte a carne aos poucos, fritando-as até dourar. Adicione cebola e alho, refogue até dourar. Acrescente um pouco de caldo para não queimar. Acrescente a farinha de trigo, mexa bem para não grudar, adicione o extrato de tomate, o louro e deixe refogar mexendo sempre. Acrescente a mostarda, tempere. Vá adicionando o caldo de carne até que o molho esteja levemente cremoso e com uma consistência aveludada. Cozinhe até amolecer a carne por aproximadamente 30 minutos.

Dicas

→ Você pode acrescentar pedaços de milho ao natural, pedaços de aipim, cenoura, quiabo, batatas (inglesa, doce, mandioquinha, salsa) ou qualquer outro legume.

→ Lembre-se de respeitar o tempo de cozimento de cada um, a partir do momento em que você vai cozinhar a carne.

CARNE MOÍDA COM BANANA-VERDE

RENDIMENTO

10 porções

TEMPO DE PREPARO

Aproximadamente
60 minutos

Ingredientes

8 bananas-verdes
Suco de ½ limão
1 ½ kg de carne moída
2 dentes de alho picados
1 cebola picada
3 tomates picados
½ pimentão picado sem as sementes e sem a parte branca
Óleo, o quanto baste
Sal e pimenta, o quanto baste
Tempero verde a gosto
½ litro de caldo de carne concentrado, aproximadamente

Modo de fazer

Lave bem as bananas inteiras. Na panela de pressão, cozinhe-as cobertas com água por 10 minutos depois da fervura, ou seja, depois que a panela chiar. Retire-as ainda quentes e despreze os cabinhos e as pontas das bananas. Descasque e separe polpas e cascas, colocando-as em tigelas diferentes. Pique as cascas em pedaços e distribua o suco de limão sobre elas. Deixe-as marinando por 15 minutos. Depois, lave e reserve. Corte as bananas em rodelas de 2 cm. Aqueça uma panela com óleo, alho e cebola. Refogue os temperos. Em seguida, refogue a carne até obter uma bonita cor dourada. Tempere com sal, pimenta, junte o tomate, mexa e deixe incorporar ao restante do refogado. Cubra com o caldo de carne ou água e deixe levantar fervura. Cozinhe até amaciar a carne. Junte as bananas e as cascas. Corrija o tempero e acrescente os temperos verdes. Ferva por mais 5 minutos, aproximadamente. Sirva com arroz e feijão.

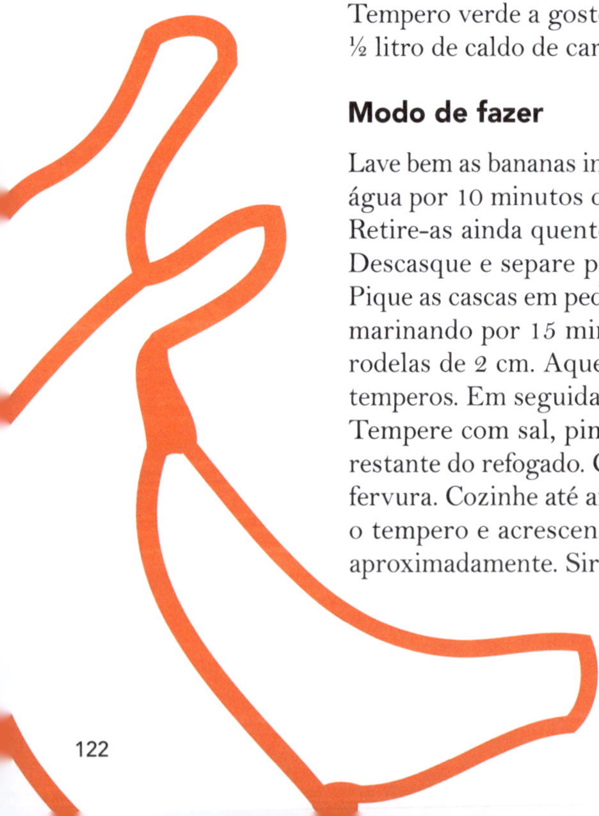

LOMBINHO DE PORCO ASSADO

Ingredientes

3 kg de lombinho lavado e seco
2 dentes de alho picados
50 ml de suco de limão
2 folhas de louro
1 galho de alecrim (opcional)
Sal e pimenta a gosto
Óleo, o quanto baste
Água, o quanto baste

RENDIMENTO

Cerca de 10 porções

TEMPO DE PREPARO

Aproximadamente 60 minutos

Modo de fazer

Em uma tigela, junte o lombinho, o alho, o suco de limão, as folhas de louro, o alecrim, o sal e a pimenta. Deixe marinando por 2 horas na geladeira. Faça furinhos no lombinho com a ponta de um garfo, para que o tempero penetre a carne. Aqueça uma panela com óleo e doure o lombinho de todos os lados. Acrescente a água aos poucos enquanto o lombinho doura lentamente. No fim do cozimento, acrescente o molho.

Dicas

→ Sirva fatiado com aipim cozido ou com aipim rostie.
→ Você pode acrescentar vagens ou cenouras em rodelas grossas ao cozimento.
→ Substitua de vez em quando o suco de limão por laranja ou tangerina.
→ O mesmo tempero pode ser usado para o carré e o pernil, o que varia é o tempo e o modo de preparo. O carré e o pernil devem ser assados no forno cobertos com papel laminado (só são descobertos para dourar no fim do processo).
Calcular 1h30min para cada quilo de carne com o forno a 220°C.

Guarnições

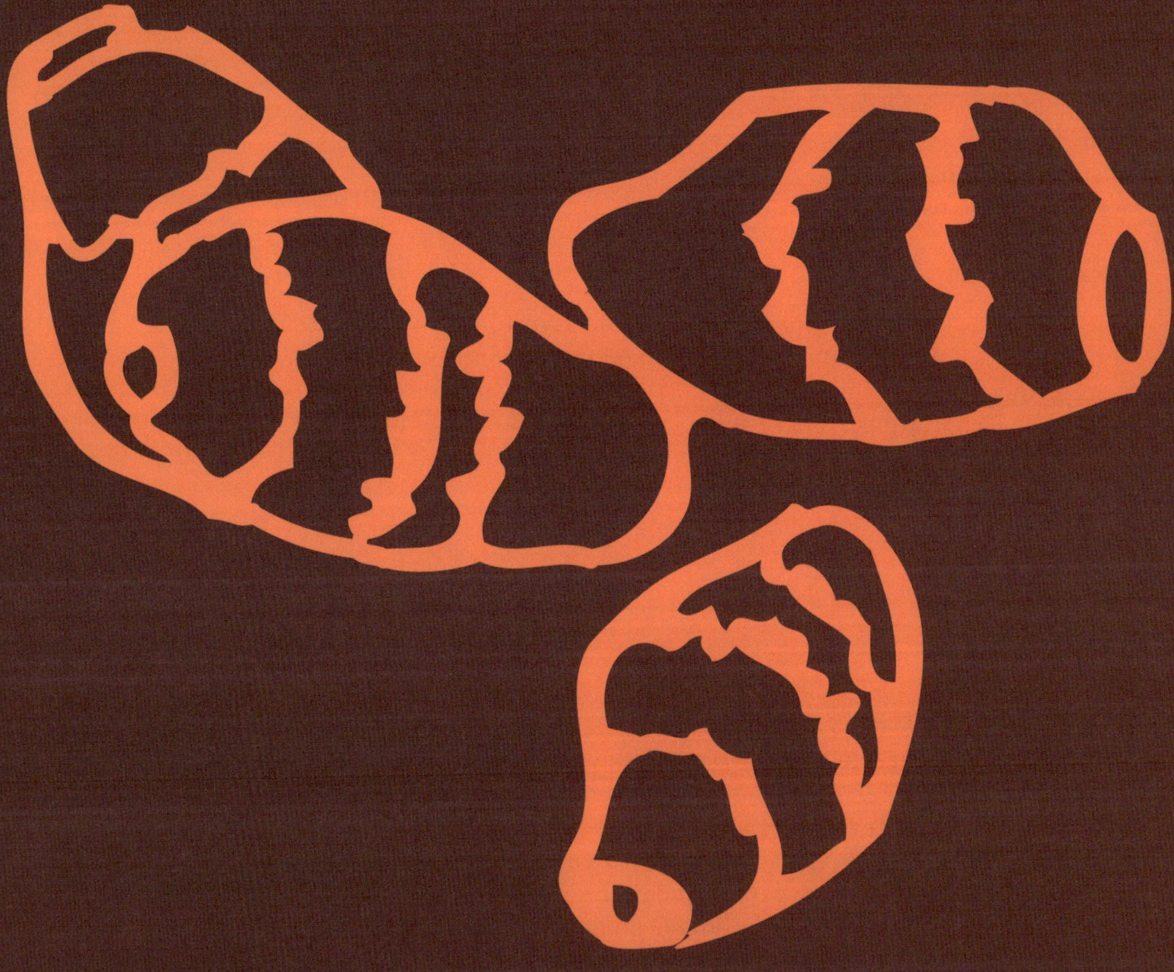

AIPIM ROSTIE

Ingredientes

2 kg de aipim cozido
Óleo, o quanto baste
3 cebolas cortadas em rodelas finas
2 colheres de sopa de salsinha picada
Sal e pimenta, o quanto baste

Dica → Você pode acrescentar queijo na massa do aipim.

RENDIMENTO
Cerca de 10 a 12 porções

TEMPO DE PREPARO
Aproximadamente 40 minutos

Modo de fazer

Corte o aipim cozido em cubos de 1 cm (jardineira). Aqueça o óleo em uma frigideira e doure as cebolas até suar. Retire metade da cebola da frigideira e reserve. Distribua o aipim na frigideira, tempere e deixe-o cozinhando de 20 a 30 minutos, até dourar. Com a ajuda de um prato ou tampa de panela, vire o bolo de aipim do outro lado. Distribua um pouco mais de óleo, acrescente o restante da cebola e cozinhe-o do outro lado. Sirva quente com lombinho.

PURÊ DE INHAME

Ingredientes

1 ½ kg de inhame descascado
200 ml de leite (aproximadamente)
150 g de manteiga ou margarina (opcional)
Sal e pimenta, o quanto baste

RENDIMENTO
Cerca de 10 porções

TEMPO DE PREPARO
Aproximadamente 40 minutos

Modo de fazer

Lave os inhames. Em uma panela com água fervente, cozinhe os inhames até praticamente desmanchar. Passe-os por uma peneira fina. Afervente o leite e junte a manteiga. Junte o inhame ao leite quente, tempere e bata até obter um creme fofo. Acrescente mais manteiga, se for necessário.

Dicas
→ Você pode substituir o inhame por cará, batata-doce, batata-baroa ou batata-inglesa.
→ Outra opção é adicionar espinafre cozido e batido no processador ao purê.

Sopas

SOPA DE BETERRABA

Ingredientes

3 litros de caldo de galinha ou de legumes
4 xícaras de beterraba descascada ralada
4 colheres de cebola picada
2 colheres de sopa de amido de milho dissolvido em 100 ml do caldo
Sal e pimenta a gosto
2 xícaras de repolho em fatias finas (opcional)

RENDIMENTO

Cerca de 10 porções

TEMPO DE PREPARO

Aproximadamente 40 minutos

Modo de fazer

Em uma panela, cozinhe o caldo de galinha, a beterraba e a cebola por aproximadamente 15 minutos ou até que a cebola e a beterraba estejam amolecidas. Coloque o repolho e cozinhe por 5 minutos no fogo máximo. Deixe esfriar e bata no liquidificador. Depois de batido, tempere com sal e pimenta.

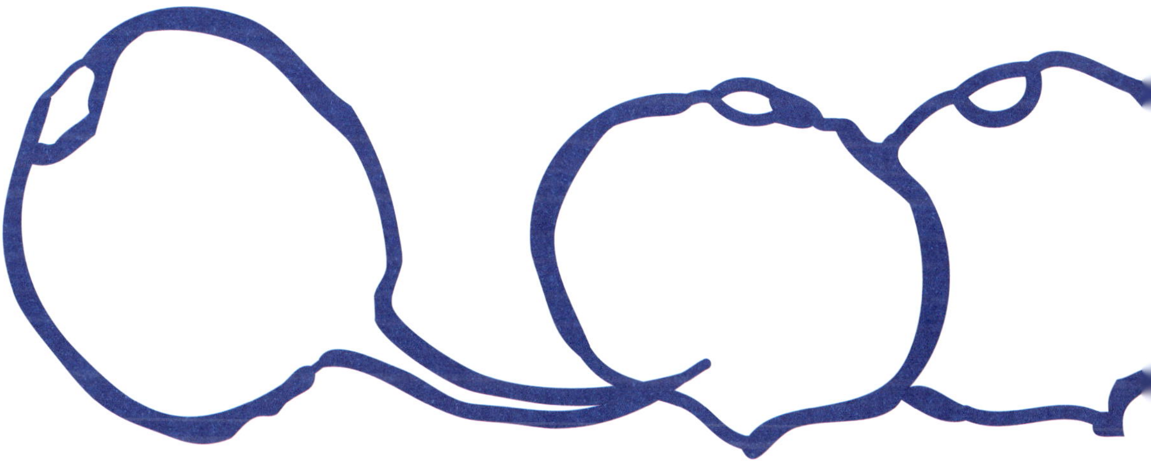

CREME DE MILHO-VERDE

RENDIMENTO

Cerca de 10 porções

TEMPO DE PREPARO

Aproximadamente 40 minutos

Ingredientes

600 g de milho-verde cozido e debulhado
2 colheres de sopa de cebola picada
1 colher de sopa de óleo
3 litros de caldo de legumes
Sal
Pimenta moída na hora
2 colheres de sopa de amido de milho dissolvido em 100 ml do caldo de legumes

Modo de fazer

Em uma panela, aqueça a manteiga e cozinhe a cebola até suar. Acrescente o milho-verde, deixe cozinhando por 3 minutos. Adicione o caldo de legumes e cozinhe por mais 5 minutos ou até ferver. Tempere. Bata no liquidificador com o amido de milho dissolvido. Peneire descartando as cascas. Volte com o creme para a panela, cozinhe por mais 5 minutos, mexendo sempre para que o gosto do amido de milho desapareça.

CREME DE ERVILHAS

Ingredientes

500 g de ervilhas secas e lavadas
2 cebolas médias picadas
Óleo, o quanto baste
3 litros de caldo de legumes
Sal
Pimenta moída na hora

RENDIMENTO

Cerca de 10 porções

TEMPO DE PREPARO

Aproximadamente 60 minutos

Modo de fazer

Em uma tigela, coloque as ervilhas de molho por 30 minutos. Escorra. Em uma panela, ponha a cebola com o óleo e deixe suar. Junte a ervilha e o caldo. Tempere. Assim que a ervilha estiver macia, apague o fogo. Deixe esfriar e bata no liquidificador. Peneire. Aqueça para servir.

SOPA DE FEIJÃO

Ingredientes

500 g de feijão-branco ou qualquer tipo cozido
2 colheres de sopa de extrato de tomate
3 litros de caldo de galinha, carne ou legumes
Sal e pimenta, o quanto baste
200 g de massa para sopa

RENDIMENTO

Cerca de 10 porções

TEMPO DE PREPARO

Aproximadamente 60 minutos

Modo de fazer

Em uma panela, cozinhe o feijão com o caldo até que fique macio. Acrescente o extrato de tomate e tempere. Coloque a massa e cozinhe por mais 3 minutos ou o tempo necessário para o cozimento.

CANJA DE GALINHA

RENDIMENTO

Cerca de 10 porções

TEMPO DE PREPARO

Aproximadamente 60 minutos

Ingredientes

1 frango ou 1 ½ kg de pedaços de frango (peito, coxa, sobrecoxa)
Óleo, o quanto baste
2 cenouras grandes descascadas e picadas
2 cebolas grandes picadas em cubos
1 buquê garni (tomilho, segurelha e louro)
Folhas de alho-poró e talos de aipo para perfumar (opcional)
1 xícara de arroz lavado
2 tomates picados sem pele e sem semente (opcional)
Salsinha e cebolinha picadas
3 litros de água
Sal e pimenta, o quanto baste

Modo de fazer

Em uma panela, aqueça o óleo e doure rapidamente os pedaços de frango. Junte a água e afervente por aproximadamente 30 minutos com o buquê garni, os talos de aipo e as folhas de alho-poró. Tempere. Se preferir desfie o frango neste momento. Descarte os temperos verdes. Junte a cebola, a cenoura e o arroz. Cozinhe em fogo brando. No momento de servir, acrescente os tomates picados.

CREME DE LEGUMES

Ingredientes

2 ½ litros de caldo de legumes
2 cebolas médias picadas grosseiramente
5 batatas médias descascadas e picadas grosseiramente
3 cenouras médias descascadas e picadas grosseiramente
500 ml de leite
Sal e pimenta, o quanto baste

RENDIMENTO

Cerca de 10 porções

TEMPO DE PREPARO

Aproximadamente 60 minutos

Modo de fazer

Em uma panela, aqueça a metade do caldo de legumes, as cebolas, as batatas e as cenouras. Cozinhe até amaciar. Bata no liquidificador até obter um composto homogêneo. Volte com a sopa para a panela e complete com o leite e o caldo, até atingir a consistência desejada. Tempere.

Dicas

→ Este creme também pode ser feito com outro legume (abóbora, beterraba, abobrinha ou verduras como couve-flor, espinafre, agrião, alface, couve). Nestes casos misture a verdura somente no último minuto da fervura, depois que os legumes estiverem cozidos.
→ Você pode substituir a batata por batata-baroa, aipim ou cará.
→ Substitua às vezes a cebola por alho-poró.

Aproveitamento integral dos alimentos

CROQUETE DE CASCA DE AIPIM

Ingredientes

½ kg de casca de aipim
1 colher de sopa de manteiga
1 ovo
2 colheres de sopa de farinha de trigo
1 xícara de chá de farinha de rosca
Óleo para fritar
Sal a gosto

RENDIMENTO

Cerca de 10 croquetes (com 10 cm de comprimento)

TEMPO DE PREPARO

Aproximadamente 40 minutos

Modo de fazer

Lave o aipim em água corrente. Retire a casca fina (marrom) do aipim e despreze-a. Retire a casca grossa, lavando-a em água corrente. Coloque a casca para cozinhar em uma panela com água. Depois de cozida, bata no liquidificador. Em uma tigela, junte a manteiga, a farinha de trigo e os ovos à casca do aipim batida, até que forme uma massa consistente. Enrole os croquetes, passe-os na farinha de rosca e frite-os em óleo quente.

CREME DE FOLHAS DE COUVE-FLOR

RENDIMENTO

Cerca de 10 porções

TEMPO DE PREPARO

Aproximadamente 30 minutos

Ingredientes

5 xícaras de chá de folhas de couve-flor higienizadas
½ xícara de chá de cebola
1 xícara de chá de leite
½ xícara de chá de água
2 colheres de sopa de óleo
1 colher de sopa de farinha de trigo
Sal a gosto

Modo de fazer

Lave as folhas de couve-flor e pique-as em pedaços miúdos. Aqueça o óleo em uma panela e refogue a cebola até suar. Junte as folhas picadas, o sal e misture bem. Em uma tigela, misture a farinha, o leite e a água. Adicione a mistura ao refogado mexendo bem até o creme encorpar. Deixe cozinhar por cerca de 20 minutos ou até que as folhas de couve-flor estejam macias.

BOLO DE CASCAS DE FRUTAS

Ingredientes

1 kg de cascas de frutas cruas e lavadas (pera, goiaba, maçã e manga)
200 g de manteiga ou margarina
2 colheres de sopa de fermento em pó
6 ovos separados
400 g de farinha de trigo
500 ml de leite
2 xícaras de chá de açúcar

RENDIMENTO

Cerca de dois tabuleiros de 25 cm x 40 cm

TEMPO DE PREPARO

Aproximadamente 60 minutos

Modo de fazer

No liquidificador, bata as cascas e o leite. Reserve. Bata a manteiga com o açúcar até que espume e se torne esbranquiçado. Junte as gemas. Acrescente as cascas com o leite, a farinha e o fermento, misturando bem. Bata as claras em neve e misture delicadamente à massa. Distribua a massa na fôrma untada com margarina e farinha de trigo polvilhada. Asse a massa em forno preaquecido a 180°C. Faça o teste do palito para ver se o bolo está assado.

Dica

⟶ O teste do palito é simples. Enfie um palito no centro da massa. Se ele sair seco, a massa está assada.

TORTA DE CASCAS, TALOS E FOLHAS

RENDIMENTO

Cerca de 1 tabuleiro de 25 cm x 40 cm

TEMPO DE PREPARO

Aproximadamente 90 minutos

Ingredientes

8 xícaras de chá de cascas de legumes bem lavadas, picadas e cozidas
5 colheres de sopa de queijo ralado
3 xícaras de chá de pedaços de pão molhados no leite
2 cebolas picadas
Óleo, o quanto baste
6 ovos batidos
Salsinha picada ou qualquer outra erva
Sal e pimenta, o quanto baste

Modo de fazer

Bata as cascas cozidas no liquidificador. Coloque a pasta em uma tigela e misture os outros ingredientes até formar uma massa homogênea. Distribua a massa em uma forma untada. Leve ao forno até dourar.

Dica ⟶ Use cascas de qualquer legume ou verdura, por exemplo: batata, chuchu, berinjela, couve-flor, brócolis ou cenoura.

SUCO DE CASCAS DE MANGA

RENDIMENTO

Cerca de 6 litros

TEMPO DE PREPARO

Aproximadamente 10 minutos

Ingredientes

Cascas de 10 mangas
5 litros de água
Açúcar a gosto

Dica ⟶ Utilize apenas a casca.

Modo de fazer

Lave bem as cascas, bata no liquidificador com água.
Em seguida, coe bem e adoce a gosto.

SUCO DE CASCA DE ABACAXI

Ingredientes

Cascas lavadas de 5 abacaxis
5 litros de água
Açúcar a gosto

RENDIMENTO
Cerca de 6 litros

TEMPO DE PREPARO
Aproximadamente 15 minutos

Modo de fazer

Opção 1 No liquidificador, bata as cascas do abacaxi com a água. Coe e adoce a gosto.

Opção 2 Em uma panela, afervente a água com as cascas de abacaxi. Bata no liquidificador, coe e adoce a gosto.

SUCO DE CASCA DE MELANCIA

Ingredientes

Cascas lavadas de duas melancias
5 litros de água
Açúcar a gosto

RENDIMENTO
Cerca de 6 litros

TEMPO DE PREPARO
Aproximadamente 10 minutos

Modo de fazer

Opção 1 No liquidificador, bata as cascas da melancia (a parte branca e a verde) com água. Coe e adoce a gosto.

Opção 2 No liquidificador, bata as cascas da melancia (somente a parte branca) com água. Coe, se achar necessário, e adoce a gosto.

Salgados e sanduíches

BOLINHO DE SOJA COM ESPINAFRE

Ingredientes

2 xícaras de chá de grãos de soja cozidos
1 xícara de chá de espinafre picadinho
½ xícara de chá de farinha de trigo, aproximadamente
2 colheres de sopa de cheiro-verde
2 colheres de sopa de cebola picada
1 colher de chá de fermento químico em pó
3 ovos
Sal e pimenta-do-reino a gosto
Óleo, o quanto baste

RENDIMENTO

Cerca de 10 unidades

TEMPO DE PREPARO

Aproximadamente 20 minutos

Modo de fazer

No liquidificador, bata a soja rapidamente deixando os grãos granulados. Em uma tigela, acrescente todos os ingredientes e misture-os. Corrija o tempero. Aqueça o óleo em uma fritadeira, distribua a massa às colheradas e frite em fogo brando.

Dicas

⟶ Os grãos cozidos triturados podem ser substituídos pelo "okara" da página 111.
⟶ O espinafre pode ser substituído por couve, bertalha, tomate, cenoura, abobrinha, berinjela ou vagem.
⟶ Os bolinhos podem ser assados, se forem empanados com farinha de rosca e distribuídos sobre um tabuleiro untado com óleo e farinha de rosca.

BOLINHO DE FEIJÃO

RENDIMENTO

10 porções

TEMPO DE PREPARO

15 minutos (mais o tempo para fritar)

Ingredientes

400 ml de feijão pronto (aproveite um feijão já cozido e com pouco caldo)
2 ovos ligeiramente batidos
½ cebola média picada
½ colher de sopa de salsinha, cebolinha ou coentro picados
Farinha de trigo, o quanto baste
Sal e pimenta, o quanto baste
Óleo para fritar, o quanto baste

Modo de fazer

Em uma tigela, amasse grosseiramente os feijões. Junte os ovos e os temperos e misture bem. Aos poucos, junte a farinha até dar ponto de cair da colher. Em uma panela grande e larga, ou na fritadeira, aqueça o óleo. Faça os bolinhos com a ajuda de duas colheres de sopa deixando cair diretamente na fritura. Frite até dourar, retire do óleo e deixe escorrer sobre uma peneira.

Dicas

→ Estes bolinhos podem ser feitos com qualquer tipo de feijão.
→ A farinha de trigo pode ser substituída por farinha de mandioca.
→ Você pode acrescentar couve em fatias, tomate picado ou linguiças em pedaços na massa do bolinho.

BOLINHO DE ARROZ COM BANANAS

Ingredientes

400 g de arroz pronto (aproveite um arroz já cozido)
2 ovos ligeiramente batidos
3 bananas descascadas e picadas
½ cebola média picada
½ colher de sopa de salsinha, cebolinha ou coentro picados
Farinha de trigo, o quanto baste
Sal e pimenta
Óleo para fritar, o quanto baste

RENDIMENTO

10 porções

TEMPO DE PREPARO

15 minutos
(mais o tempo
para fritar)

Modo de fazer

Em uma tigela, distribua o arroz, as bananas, os ovos e os temperos e misture bem. Aos poucos, junte a farinha até dar ponto de cair da colher. Em uma panela grande e larga, ou na fritadeira, aqueça o óleo. Faça os bolinhos com a ajuda de duas colheres de sopa deixando cair diretamente na fritura. Frite até dourar, retire do óleo, deixe escorrer sobre uma peneira.

Dicas

→ Esses bolinhos podem ser feitos com qualquer tipo de arroz.
→ A banana pode ser substituída por espinafre, escarola, couve, cenoura ralada crua ou cozida, beterraba cozida e ralada ou picada, chuchu, milho, ervilha ou qualquer outra hortaliça refogada e picada.

SANDUÍCHE DE PATÊ DE ATUM

RENDIMENTO

10 unidades

TEMPO DE PREPARO

15 minutos

Ingredientes

20 fatias de pão de fôrma integral
300 g de atum em conserva
150 g de maionese industrializada, aproximadamente
1 colher de sopa de salsinha, cebolinha ou coentro picados
Sal e pimenta, o quanto baste

Modo de fazer

Em uma tigela, misture o atum, a maionese e os temperos. Esta pasta não deve ficar muito mole, nem muito seca. Recheie as fatias de pão e sirva.

SANDUÍCHE DE PATÊ DE FRANGO

RENDIMENTO

10 unidades

TEMPO DE PREPARO

30 minutos (mais o tempo para esfriar)

Ingredientes

20 fatias de pão de fôrma integral
400 g de peito de frango
150 g de maionese industrializada, aproximadamente
1 colher de sopa de salsinha, cebolinha ou coentro picados
Sal e pimenta, o quanto baste

Modo de fazer

Na panela de pressão, cozinhe os peitos de frango com água, sal e pimenta até amaciar. Deixe esfriar e desfie ou passe no processador. Em uma tigela, misture a carne de frango desfiada, a maionese e os temperos. Essa pasta não deve ficar muito mole, nem muito seca. Recheie as fatias de pão e sirva.

Dica → Você pode acrescentar milho em conserva ou ervilha ao patê de frango.

SANDUÍCHE NATURAL DE LEGUMES

Ingredientes

20 fatias de pão de fôrma integral
100 g de cenoura descascada e ralada
100 g de beterraba crua descascada e ralada
100 g de alface cortado em fitas finas
100 g de pepino fatiado fino
100 g de tomate fatiado fino
150 g de maionese industrializada, aproximadamente
1 colher de sopa de salsinha, cebolinha ou coentro picados
Sal e pimenta, o quanto baste

RENDIMENTO

10 unidades

TEMPO DE PREPARO

15 minutos

Modo de fazer

Em uma tigela, tempere a maionese com as ervas, o sal e a pimenta. Passe a maionese nas fatias de pão. Escolha dois ou três tipos de recheios por sanduíche. Alterne as camadas de legumes e cubra com a outra fatia de pão.

Sobremesas

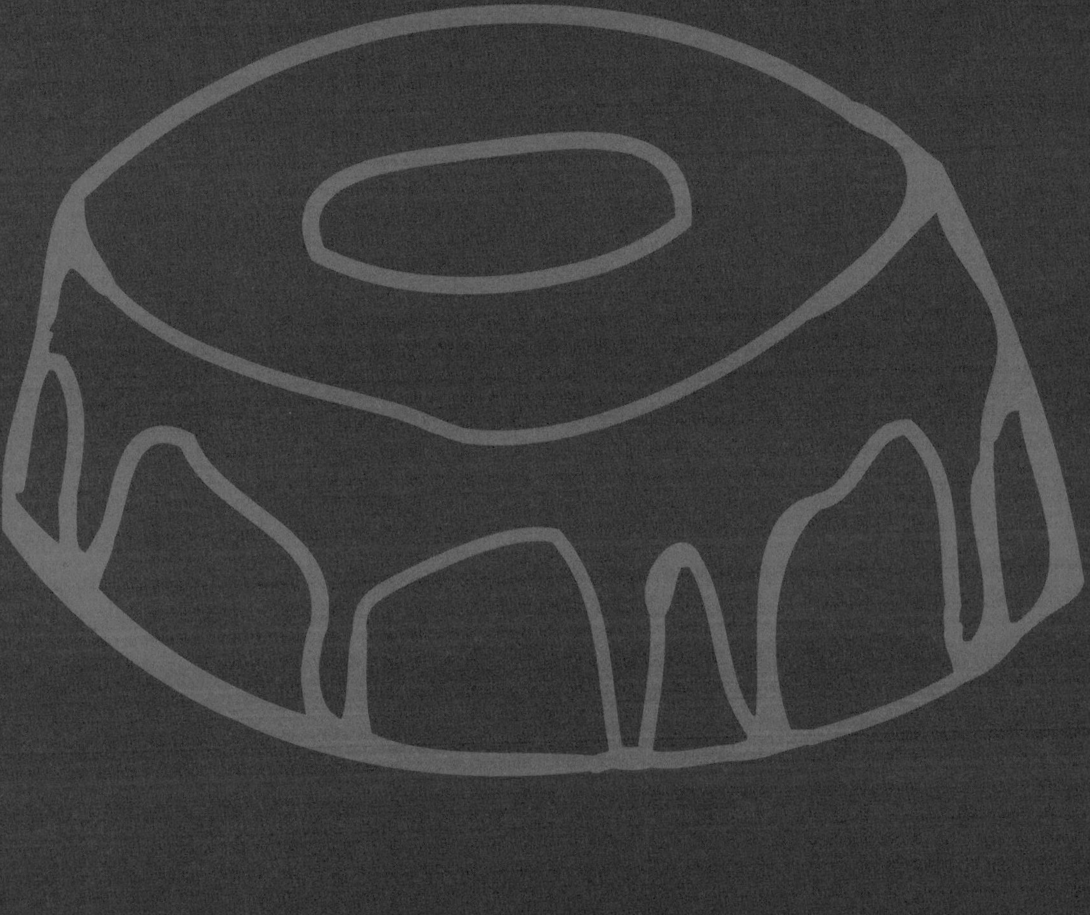

BANANADA INTEGRAL

Ingredientes

60 bananas-prata ou d'água bem maduras
Água, o quanto baste
2 kg de açúcar
15 unidades de canela em pau
8 unidades de cravo
100 ml de suco de limão

RENDIMENTO

Aproximadamente
60 porções

TEMPO DE PREPARO

Aproximadamente
60 minutos

Modo de fazer

Lave as bananas com casca em água corrente e esponja para este fim. Corte em rodelas com a casca. Bata no liquidificador com água somente o necessário para que o liquidificador processe as bananas. Distribua a massa em uma panela grande e larga. Adicione o restante dos ingredientes. Cozinhe em fogo baixo, mexendo de vez em quando, até a massa soltar do fundo da panela.

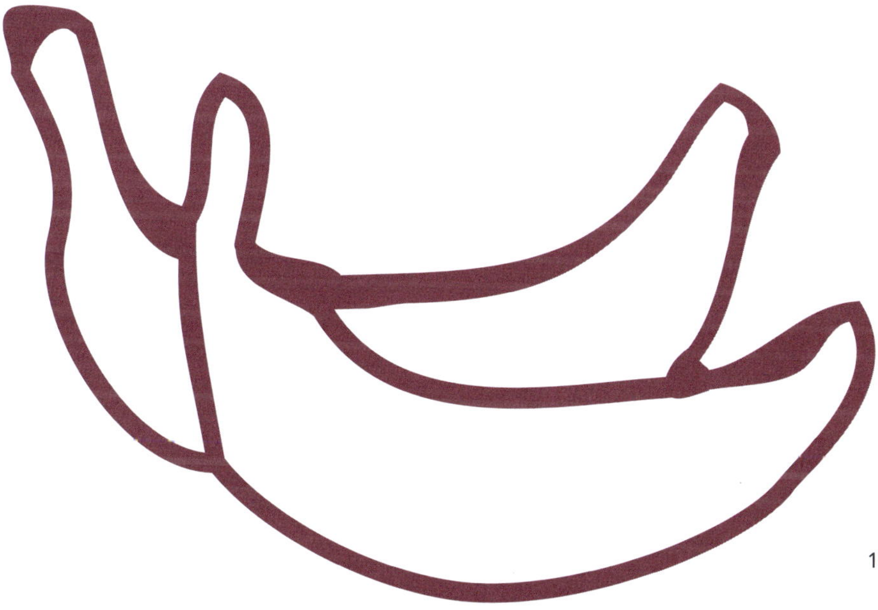

PUDIM DE PÃO

RENDIMENTO

Aproximadamente 20 porções (ou uma fôrma com capacidade para 3 litros)

TEMPO DE PREPARO

Aproximadamente 60 minutos

Ingredientes

10 pães amanhecidos
16 ovos inteiros
3 xícaras de açúcar
1 ½ litro de leite
2 colheres de chá de canela

Modo de fazer

Em uma tigela, coloque os pães em pedaços e cubra com leite até amolecerem (aproximadamente 10 minutos). No liquidificador, bata todos os ingredientes. Distribua a massa na fôrma. Asse em banho-maria no forno preaquecido por aproximadamente 30 minutos, ou faça o teste do palito.

CALDA DE CARAMELO

Ingredientes

200 g de açúcar
2 xícaras de água

Modo de fazer

Em uma panela, misture todo o açúcar com a água. Deixe ferver em fogo médio até que forme uma calda caramelo claro. Distribua a calda em uma fôrma de pudim, espalhando o caramelo por toda a parte interna. Esta calda pode ser usada em pudins e flãs.

ARROZ-DOCE

Ingredientes

200 g de arroz lavado
1 litro de água
Casca de 1 limão sem a parte branca
1 pau de canela
2 colheres de sopa de manteiga
2 litros de leite
200 g de açúcar
5 gemas de ovos
Canela em pó, o quanto baste

RENDIMENTO

Aproximadamente 10 porções

TEMPO DE PREPARO

Aproximadamente 40 minutos

Modo de fazer

Em uma panela, ferva a água, a casca de 1 limão, o pau de canela e a manteiga. Acrescente o arroz e deixe cozinhar até absorver a água. Aos poucos, acrescente o leite fervendo e vá mexendo sempre. Esta operação dura 25 minutos aproximadamente. O creme deve ficar com consistência mole, pois, quando esfria, seca e endurece. Misture o açúcar (dissolvido com uma concha de leite quente) com as gemas em um recipiente. Retire a panela do fogo e misture o açúcar com as gemas, mexendo para não encaroçar. Coloque na travessa e polvilhe com canela.

MAÇÃ EM CALDA

RENDIMENTO

Aproximadamente 10 porções

TEMPO DE PREPARO

Aproximadamente 40 minutos

Ingredientes

10 maçãs descascadas e sem sementes (1,8 kg aproximadamente)
2 limões em suco
500 g de açúcar refinado
1 litro de água
1 canela em pau
4 cravos-da-índia

Modo de fazer

Em uma tigela, coloque água com o suco de limão para conservar as maçãs. Despreze o miolo das maçãs e corte-as como preferir, ao meio, em gomos ou cubos. Em uma panela, faça uma calda rala, tempere. Cozinhe as maçãs nessa calda, por aproximadamente 20 minutos, retirando a espuma que subir com uma escumadeira. Retire as maçãs da calda e, se esta estiver muito rala, deixe-a cozinhando mais um pouco para engrossar.

Dicas

→ Você pode substituir as maçãs por peras, manga, morango ou goiabas.
→ Com as cascas e os miolos, você pode fazer aproximadamente 400 ml de geleia de frutas.

GELEIA ECONÔMICA DE FRUTAS

Ingredientes

3 kg de cascas ou/e sobras de frutas
1 ½ kg de açúcar
5 colheres de sopa de suco de limão

RENDIMENTO

1,5 kg

Modo de fazer

TEMPO DE PREPARO

120 minutos

Em uma panela, coloque todas as cascas e miolos de maçãs, peras ou goiabas. Cubra com água e cozinhe até amaciarem. Passe tudo por uma peneira e junte a este creme de frutas a metade do açúcar. Acrescente gotas de suco de limão. Cozinhe em fogo baixo até dar ponto. O ponto de geleia é dado quando, mexendo regularmente, o fundo da panela aparece.

Dicas

→ Outra maneira de saber o ponto da geleia é pingar uma pequena quantidade em um prato limpo. Se a geleia não esparramar, está pronta.
→ Guarde a geleia em vidro higienizado e esterilizado com tampa.
→ Você pode fazer geleia com as cascas de qualquer fruta.

ABACAXI EM CALDA

RENDIMENTO

Cerca de 10 porções

TEMPO DE PREPARO

Aproximadamente 40 minutos

Ingredientes

1 ½ abacaxi maduro descascado
200 g de açúcar
500 ml de água, aproximadamente
1 pau de canela
3 cravos-da-índia

Dica

→ Reserve as cascas para fazer suco de abacaxi.

Modo de fazer

Corte o abacaxi em pedaços (rodelas, cubos, palitos). Em uma panela, faça uma calda rala. Junte a canela e os cravos e cozinhe a fruta até ficar transparente. Despreze a espuma que subir. Deixe esfriar e guarde em recipiente fechado.

PUDIM DE CHOCOLATE

RENDIMENTO

Aproximadamente 1 fôrma (furada no centro) de 2 litros

TEMPO DE PREPARO

Aproximadamente 30 minutos (não incluído o tempo de espera)

Ingredientes

1 ½ litro de leite (reservar uma xícara)
6 colheres de achocolatado
8 colheres de sopa de amido de milho
150 g de açúcar

Modo de fazer

Aferventar o leite com o achocolatado e o açúcar. Dissolver o amido de milho na xícara de leite reservada e incluir na mistura. Cozinhar em fogo brando, mexendo até formar um mingau grosso e soltar do fundo da panela. Distribuir na fôrma de bolo molhada. Levar para gelar. No momento de servir, desenforme o pudim em um prato.

MANJAR DE COCO

Ingredientes

1 ½ litro de leite (reservar 1 xícara)
1 coco grande ralado grosso
8 colheres de sopa de amido de milho
200 de açúcar

RENDIMENTO

Aproximadamente 1 fôrma (furada no centro) de 2 litros

Modo de fazer

Aferventar o leite com o coco ralado e o açúcar. Dissolver o amido de milho na xícara de leite reservada e incluir na mistura. Cozinhar em fogo brando, mexendo até formar um mingau grosso e soltar do fundo da panela. Distribuir a massa em fôrma de bolo molhada. Levar para gelar. No momento de servir, desenforme em um prato e cubra com frutas em calda (ameixas, maçã, abacaxi).

TEMPO DE PREPARO

Aproximadamente 30 minutos (não incluído o tempo de espera)

Dica

→ Você pode substituir o leite por 3 partes de leite de coco e 1 parte de água.

Pães e bolos

BOLO DE LARANJA COM CASCA

Ingredientes

4 laranjas médias
250 ml de óleo
6 ovos
4 xícaras de chá de açúcar
4 xícaras de chá de farinha de trigo
2 colheres de sopa de fermento em pó

RENDIMENTO

Aproximadamente
2 tabuleiros
de 25 cm x 40 cm

TEMPO DE PREPARO

Aproximadamente
90 minutos

Modo de fazer

Corte as laranjas em quatro, retire as sementes e a parte branca do centro (deixe a casca e o bagaço). Bata no liquidificador as laranjas, o óleo, os ovos, o açúcar e a baunilha. Despeje esta mistura em uma vasilha, acrescente a farinha de trigo mexendo bem. Por último, misture levemente o fermento. Asse em fôrma untada com margarina ou manteiga e farinha de trigo.

Dica

→ Despeje sobre o bolo quente o suco de duas laranjas adoçado com 2 colheres de sopa de açúcar.

BOLO SIMPLES

RENDIMENTO

Aproximadamente 1 tabuleiro de 25 cm x 40 cm

TEMPO DE PREPARO

Aproximadamente 90 minutos

Ingredientes

3 xícaras de açúcar
1 ½ xícara de manteiga ou margarina
3 ½ xícaras de farinha de trigo peneirada
1 colher de sopa de fermento em pó peneirado
5 ovos separados
1 xícara de leite
Raspas da casca de 1 laranja ou de 1 limão sem a parte branca

Modo de fazer

Aqueça o forno a 180°C. Unte um tabuleiro de bolo com manteiga e farinha de trigo. Na batedeira, bata a manteiga com o açúcar até se transformar em um creme esbranquiçado e fofo. Junte as gemas uma a uma, continue batendo. Junte as raspas de laranja ou limão. Acrescente o leite, continue batendo em potência baixa. Fora da batedeira, misture a farinha e o fermento mexendo bem. Bata as claras em neve e incorpore à massa delicadamente. Coloque a massa na fôrma – não preencha a fôrma completamente, deixe sempre um espaço vazio de pelo menos 3 dedos, para que a massa cresça e não derrame no forno. Leve para assar por aproximadamente 40 minutos ou faça o teste do palito.

Dicas

→ Para fazer o bolo de laranja, substitua o leite por suco de laranja.

→ Para fazer o bolo "formigueiro", junte à massa já pronta o chocolate granulado.

→ Se quiser fazer um bolo de chocolate, dissolva com o leite 3 colheres de sopa de chocolate em pó.

→ Se quiser fazer o bolo "mármore", separe uma quantidade de massa pronta e acrescente nela delicadamente o achocolatado em pó. Na fôrma, coloque embaixo uma camada de massa branca, no meio uma camada de massa com chocolate, e a última camada de massa branca.

BOLO DE CENOURA

Ingredientes

2 a 3 cenouras médias, descascadas e cortadas em pedaços
¾ de xícara de óleo
3 ovos inteiros
1 colher de café de sal
1 ½ xícara de açúcar
2 xícaras de farinha de trigo peneirada
1 colher de sopa cheia de fermento em pó

RENDIMENTO

Aproximadamente 1 tabuleiro de 25 cm x 40 cm

TEMPO DE PREPARO

Aproximadamente 60 minutos

Modo de fazer

Bata no liquidificador a cenoura, o óleo, os ovos e sal e o açúcar. Distribua em uma tigela e acrescente a farinha de trigo e o fermento. Misture delicadamente até a massa ficar homogênea. Coloque em um tabuleiro, untado com óleo e pulverizado com farinha. Leve ao forno preaquecido a 180°C por 35 minutos ou faça o teste do palito. Cubra o bolo ainda quente com uma fina calda de açúcar ou uma calda de chocolate com manteiga.

Calda de açúcar

Ingredientes

5 colheres de sopa de água
½ xícara de açúcar

Modo de fazer

Misture e leve ao fogo só até derreter o açúcar.

Calda de chocolate

Ingredientes

2 colheres de sopa de leite
6 colheres de sopa de açúcar
6 colheres de sopa de chocolate em pó
4 colheres de sopa de óleo ou manteiga

Modo de fazer

Misture tudo e leve ao fogo até ferver.

PÃO CASEIRO DE BATATA-DOCE

RENDIMENTO

1 fôrma de pão de 2 litros ou 15 fatias

TEMPO DE PREPARO

Aproximadamente 60 minutos

Ingredientes

30 g de fermento úmido para pão (2 tabletes)
½ xícara de água morna
1 colher de chá de açúcar
1 xícara de leite fervendo
2 colheres de sopa de manteiga
1 xícara de batata-doce cozida e amassada com um garfo
6 xícaras de farinha de trigo, aproximadamente
1 colher de sopa de sal

Modo de fazer

Em uma tigela grande, misture os três primeiros ingredientes com duas colheres de farinha de trigo. Deixe descansar até dobrar de volume. Misture o leite, a manteiga e a batata-doce amassada até formar uma massa homogênea. Junte a primeira com a segunda mistura. Aos poucos, acrescente a farinha e o sal. Transfira o conteúdo para uma superfície e trabalhe essa massa (sovando) até ficar com uma aparência lisa e brilhante. Faça uma bola e cubra a massa com um pano limpo para que ela descanse e cresça (mantenha-a fora de corrente de ar até dobrar de volume). Depois, trabalhe novamente a massa moldando-a em formato de pão. Coloque o pão em fôrma untada com manteiga e farinha. Cubra-o novamente e deixe que dobre de volume. Asse em forno preaquecido (180°C a 200°C) por 40 minutos ou faça o teste do palito.

Dica

→ A batata-doce pode ser substituída por batata-inglesa ou aipim.

PÃEZINHOS DE MINUTO

Ingredientes

1 xícara de leite
1 colher de chá de sal
1 ½ colher de sopa de açúcar
3 colheres de sopa de manteiga
1 colher de chá de vinagre
15 g de fermento biológico
¼ de xícara de água morna
1 ovo batido
4 xícaras de farinha de trigo, aproximadamente
Farinha de milho (fubá), o quanto baste para polvilhar
1 ovo inteiro batido (para pincelar)

RENDIMENTO

Cerca de 10 porções

TEMPO DE PREPARO

Aproximadamente 60 minutos

Modo de fazer

Em uma panela, coloque os cinco primeiros ingredientes para aquecer. Não deixe levantar fervura. Em uma tigela, misture o fermento, a água, o ovo, 2 xícaras de farinha de trigo e deixe descansando até fermentar. Misture o conteúdo da panela na tigela, transfira tudo para uma mesa e vá trabalhando a massa (sovando) até obter uma mistura homogênea. A consistência deve ser um pouco mole. Deixe descansar em ambiente seco, fora de corrente de ar, até dobrar de volume (de 10 a 20 minutos). Cubra a massa com papel filme (ou com um pano de cozinha limpo) para acelerar o crescimento. Depois trabalhe novamente a massa. Estique sobre a superfície de trabalho até a espessura de 2 cm. Corte em círculos com um cortador redondo (serve um copo de boca estreita). Acomode os pãezinhos em um tabuleiro polvilhado de farinha de milho. Passe ovo batido sobre eles e polvilhe com farinha de milho. Leve para assar em forno quente (180°C a 200°C) por 15 minutos, aproximadamente.

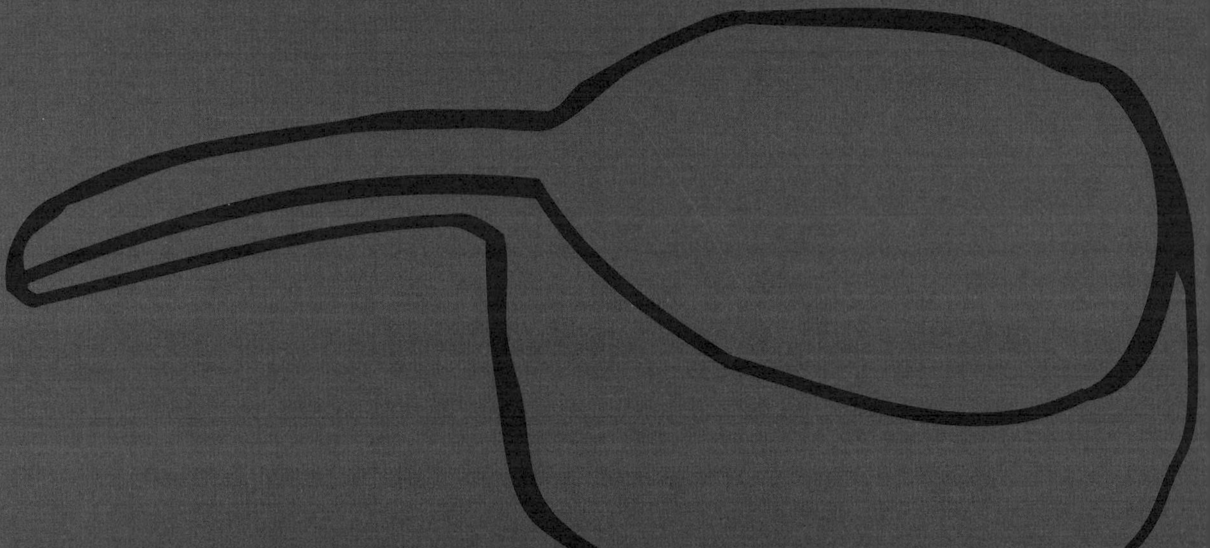

Referências

AÇÃO FOME ZERO. **Manual de gestão eficiente da merenda escolar.** São Paulo, 2007 [capturado em fev. 2007]. Disponível em: <http://www.acaofomezero.org.br>.

AGÊNCIA NACIONAL DE VIGILÂNCIA SANITÁRIA (Brasil). **Cartilha sobre boas práticas para serviços de alimentação.** Brasília, 2005 [capturado em abr. 2012]. Disponível em: <http://www.anvisa.gov.br/divulga/public/alimentos/cartilha_gicra_final.pdf>.

AGÊNCIA NACIONAL DE VIGILÂNCIA SANITÁRIA (Brasil). **Guia de boas práticas nutricionais.** Brasília, 2005 [capturado em abr. 2012]. Disponível em: <http://portal.anvisa.gov.br/wps/wcm/connect/28fe0e0049af6b5b96e1b66dcbd9c63c/2DocumentobaseparaGuiasdeBoasPraticasNutricionais2.pdf?MOD=AJPERES>.

ASSIS, Kitty. **Viajando na cozinha:** dicas, truques e receitas. Rio de Janeiro: Senac Nacional, 2008.

CENTRO COLABORADOR EM ALIMENTAÇÃO E NUTRIÇÃO ESCOLAR. **Manual da merendeira.** Curitiba, 2010.

FERNANDES, Maria do Carmo de Araujo. **A horta escolar como eixo gerador de dinâmicas comunitárias, educação ambiental e alimentação saudável e sustentável.** Brasília: Ministério de Educação, 2007.

FUNDO NACIONAL DE DESENVOLVIMENTO DA EDUCAÇÃO (Brasil). **Alimentação escolar.** Brasília, 2010 [capturado em jan. 2012]. Disponível em: <http://www.fnde.gov.br/index.php/programas-alimentacao-escolar>.

GOIÁS. Secretaria de Educação. **Apostila de capacitação de merendeiras.** Goiânia, 2010.

KÖVESI, Beth; SIFFERT, Carlos; CREMA, Carole et al. **400 g**: técnicas de cozinha. São Paulo: Ed. Nacional, 2007.

MCGEE, Harold. **Comida & cozinha**: ciência e cultura da culinária. São Paulo: WMF Martins Fontes, 2011.

SENAC. DN. **Culinária suína no Brasil**: qualidade do campo à mesa. 3. ed. Rio de Janeiro: Senac Nacional, 2010.

VALLE, Heloisa de Freitas; Camargos, Marcia. **Yes, nós temos bananas:** histórias e receitas com biomassa de banana--verde. São Paulo: Ed. Senac São Paulo, 2003.